毎日輝く
ポジティブ
英語

Follow your creative voice and
enjoy expressing yourself in ways you love!

石津奈々

ベレ出版

著者からのメッセージ
A message from the author

皆様、ようこそ。石津奈々と申します。
この本をお手にとっていただき、誠にありがとうございます。本書をとおして皆様とつながれることを心より嬉しく光栄に思っております。

私がポジティブ英語のメッセージをツイートし始めたのは、前向きな意識が言語習得には大切だと思ったからです。ポジティブであることはネガティブであることを締め出し、落ち込んでいるときに無理に陽気にふるまうことではありません。ポジティブであるということは希望を持ち、自分を信じることです。

語学は果てしないプロセスです。流暢になるために、あるいは試験で高得点を得るために、暗記しなくてはならない単語、知らなくてはならない文法規則が常にあります。しばしば伸び悩みの時期や壁にぶつかり、過程の長さに圧倒され、途中でモチベーションを失うこともあります。ポジティブな心構えが必要になってくるのはこのようなときです。

私が考えるポジティブでいるための 5 つのキーポイントがあります。

1. トライしている自分をほめましょう
2. 一歩でも二歩でも前進を喜びましょう
3. 何があっても自分を責めないでいましょう
4. 困難を学びと成長のチャンスととらえましょう
5. 魂をワクワクさせる自分なりのアプローチを見つけましょう

外国語を学ぶことは人生に似ています。私たちは皆、間違えたり、迷子になったりします。道が見つかるまで時間と努力が必要です。けれども覚えておいてほしいのです。視界が開け、学習してきたことがつながり、「英語をやっていてよかった！」と思える瞬間が必ずおとずれます。それが学びの魅力です。

言語は単なるスキルの習得ではありません。それは自分の才能、能力、心とつながる行為です。自分を発見し、拡大していく人生を変える経験なのです。同じ志を持つ人たちとの素晴らしい出会いがもたらされ、コミュニケーションの喜びを味わうことができます。

自分の一部となるようにぜひ本書にあるフレーズを楽しみながら読んで、書いて、聞いて、音読してみてください。そうすることで前向き志向の種が自分の中で育ち、最高に美しいかたちで花開きます。この本のポジティブなメッセージが皆様のインスピレーションに満ちた旅を、笑顔で進むためのお役に立てれば幸いです。ポジティブ英語で日々を輝かせましょう！

BGM あり：0-1
BGM なし：0-1

Welcome, everyone. I am Nana Ishizu.
Thank you very much for letting this book come to you.
I am happy and deeply honored to connect with you through this book.

I started tweeting positive English messages because I believed keeping a positive frame of mind is important in learning a language. Being positive does not mean shutting out negativity and forcing yourself to be cheerful when you are feeling down. It is about having hope and faith in yourself.

There is no end to language learning. There are always more words to memorize, more grammar rules to know in order to be fluent or score high on the tests. We often hit a plateau or a wall, feel overwhelmed by the long process, and could lose motivation on the way. That is when a positive mindset comes to play.

It is my belief that there are 5 key points to stay positive:

1. Compliment yourself for trying
2. Rejoice in progress you have made even if it is just a step or two
3. Never beat yourself up no matter what
4. Perceive challenges as an opportunity to learn and grow
5. Cultivate your own approach that uplifts your soul

Learning a foreign language is similar to life itself. We make mistakes, we get lost, it takes time and effort to find the way. Just remember, the moment will come when your vision becomes clear, what you have been studying comes together, and you feel, "I am glad I studied English!" That is the charm of learning.

Language is not simply another skill to acquire, but it is an act of being in touch with your talent, ability, and your heart. It is a life-changing experience that will lead you to self-discovery and self-expansion. You will have great encounters with like-minded people and appreciate the joy of communication.

Enjoy the phrases in this book by reading, writing, listening, and reading them aloud, so that they become part of you. By doing so, the seeds of positivity will grow inside of you and will blossom in a most beautiful way. I sincerely hope that the messages in this book will help you walk your inspirational journey with a smile. Let your days shine with positive English!

本書に寄せて
Acknowledgement

本書にあるポジティブ英語メッセージは、主に 2018 年 11 月から 2019 年 12 月までにツイートさせていただいたものを 12 の章に分けて掲載しております。文字制限のある Twitter の簡潔性を生かすためにあえて大幅な修正はせず、ほぼそのままのかたちで納めました。ひとつひとつのメッセージを振り返ると、フォロアーの皆様と交わした温かいやりとりが感慨深く思い出され、感謝の気持ちが湧いてきます。

本書出版にあたり多くの方にお世話になりました。

ポジティブ英語の最初のツイートから支えていただき、美しい声と発音でナレーションを担当してくださった吉田繭子さん。
スクールに通っていただいている生徒の皆様。
いつも素晴らしいレッスンをしてくださる岩井知佳子さん。
SNS 不慣れで不安だった私を信じ、背中を押してくださった久保田知子さん。
常に愛ある心くばりの手本を示してくださる武田美和さん。
ハワイから応援し続けてくださる日高潤也・加里奈夫妻。
素晴らしいレイアウトを考案し、この企画をかたちにしてくださった編集者の大石裕子さん。
日々、Twitter で「いいね」や思いやりあふれるコメントを送ってくださるフォロアーならびに読者の皆様。本書は皆様に育まれたと言っても過言ではありません。頂いた優しさと支えに、この場を借りて心よりお礼申し上げます。

そして今、本書をお手にとってくださっている皆様。本書をとおして皆様と出会えたご縁は私にとって最高の宝物です。どうもありがとうございます。

最後になりましたが、本書執筆中、新型コロナウィルスという予期せぬ事態に見舞われました。当たり前だと思っていた生活が決して当たり前ではないと気づくこととなり、自分にとって何が大切なのか、ライフスタイルや人生観を見直す時間が与えられました。

新たな価値観のもと、皆様が自分自身の光を輝かせ、ますます幸福になりますよう祈りを込めて。

2020 年 6 月　石津奈々

目次
Table of Contents

3 夜、一日の終わりに読みたいポジティブ英語 Evening positive messages

4 自分を肯定するポジティブ英語 Approving yourself

5 学び・成長・進化にまつわるポジティブ英語 On learning, growing, and evolving

6 セルフケア・自分を癒すポジティブ英語 Healing yourself

7 新しいことに挑戦する・夢を実現するときに読みたいポジティブ英語 Trying new things and manifesting your dreams

11 人とのつながりとコミュニケーションを豊かにするポジティブ英語 Relationships and communication

12 信じること・幸せになることを可能にするポジティブ英語 Having faith and being happy

本書はこんな方におすすめです

1. ポジティブな言葉を通して英語を学びたい方
2. 一般的な日常英会話のフレーズ集とは一味違う英文に触れたい方
3. シンプルで美しい詩的な英語表現を味わいたい方
4. BGM とともに独特のリズムを持つ心地よい英文を聞き、リスニングのインプットをしたい方
5. 前向きなフレーズを音読し、明るい気持ちになりながらスピーキングのアウトプットをしたい方
6. 手帳やマイノートに、自分に合った言葉やメッセージを記していきたい方
7. ポジティブメッセージの英作文をしてみたいと思う方
8. 自分を肯定し、前向き思考を身につけたい方
9. 自分へ、大切な人へ、温かく優しい言葉のギフトを贈りたい方
10. 英語を通して人生を豊かに輝かせたい方

本書の使い方

本書は「読む」「聞く」「書く」「声に出して読む」という４つのアプローチをベースにあらゆる楽しみ方ができます。以下のポイントを参考に、勉強としての英語だけでなく学びながら前向きに生きる英語として、自由に取り組んでいただければ幸いです。

1. 読んで楽しむ

本書のポジティブメッセージとコラム欄の例文には極端な意訳はなく、シンプルでわかりやすい英和文となっています。「英語でこういう言い方ができるんだ！」「こういう表現があるんだ！」と、英語と日本語を照らし合わせながら、両言語の飾り気のない美しいニュアンスを味わいましょう。章扉にはその章を象徴するメッセージがあります。自分の世界を広げるような気持ちで読み、ページをめくってみてください。

2. 聞いて楽しむ・聴いて楽しむ

本書のナレーションは、くつろいだ気持ちでメッセージを楽しんでいただける BGM 付きのトラックと、通常のリスニング用の BGM なしのトラックがあります。家事をしながら、あるいはちょっと疲れ気味のときは、ゆったりと BGM 代わりに流して聴くだけでも OK です。「聞き流すだけではリスニング力向上につながらないのでは」などと考え込まずに、途中うとうとしながらでもリラックスして心地よくお楽しみください。英語の音声に集中したいときは、BGM なしのバージョンで、ストレートにリスニング練習をしていただけます。

※音声トラック番号は、「BGM あり」「BGM なし」のそれぞれを表記しています。

BGM あり：0-0
BGM なし：0-0

3. 書いて楽しむ

本書には「お気に入りのポジティブメッセージ」という欄とフリーのメモスペースがありますので、心に響いた言葉やメッセージを書き写すことができます。もちろん、ご自身の手帳や日記に書いていただいてもOKです。
また、本文中にある「私から私への言葉」という項目の文は、私自身が自分へのメッセージとして、1人称 (I) でツイートしたものです。皆様も自分に手紙を書くような気持ちでご自身にメッセージを送ってみてはいかがでしょうか。
さらに、Nana's Favorite Words というコラム欄には、ポジティブワードを用いた例文に続けて、「ポジティブ英作文コーナー」があります。例文を参考に自分の思いや気持ちを綴るスペースとしてご活用ください。

4. 声に出して楽しむ

最も楽しいのが音読です。本書のナレーションはリピートやシャドーイングがしやすい、ゆっくりとしたテンポで語られています。音声に続けてあわてず、マイペースでメッセージを読んでみてください。文字を見ながら読んでもいいですし、慣れてきたらテキストを見ないで視線を上げて（look up して）、音読しましょう。声に出して読むことでスピーキング力や表現力がアップするだけでなく、前向きなメッセージが浸透しやすくなります。短い文章は丸ごと覚えて、一日に何度でも気の向くままにつぶやけば、自分へのアファメーション（確言）になります。明るい気持ちでポジティブ思考のインプットとアウトプットに取り組みましょう。

BGM あり：0-2
BGM なし：0-2

今の自分に響くポジティブワードはどれ？

【幸:Happiness】【力:Power】【和:Harmony】【信:Trust】の4つのエレメントの中からピンとくる言葉を選び自分へのメッセージとしましょう。

幸 Happiness

joy	喜び
hope	希望
light	光
smile	笑顔
love	愛
gratitude	感謝
abundance	豊かさ
playfulness	遊び心
health	健康
dream manifestation	夢実現

力 Power

courage	勇気
intuition	直感
action	行動
chance	チャンス
change	変化
passion	情熱
learning	学び
creativity	創造性
inspiration	ひらめき
moving forward	前進

和 Harmony

kindness	優しさ
gentleness	穏やかさ
balance	バランス
beauty	美しさ
peace	平和
reconciliation	和解
tranquility	静けさ
healing	癒し
forgiveness	許し
communication	コミュニケーション

信 Trust

support	支え
calling	使命
honesty	正直
confidence	自信
destiny	運命
guidance	導き
miracle	奇跡
connection	つながり
self-approval	自己肯定
open your heart	心を開く

MP3 音声ファイルのダウンロード方法（PC）

①「ベレ出版」ホームページ内、『[音声 DL 付]　毎日輝くポジティブ英語』の詳細ページにある「音声ダウンロード」ボタンをクリックします。

②ダウンロードコード e2v4g4FG を入力してダウンロードします。

※ MP3 携帯プレイヤーへのファイル転送方法、パソコンソフトなどの操作方法については、メーカーにお問い合わせいただくか、取扱説明書をご参照ください。

audiobook.jp 音声ダウンロード方法（PC、スマートフォン）

①PC・スマートフォンで音声ダウンロード用のサイトにアクセスします。

QR コード読み取りアプリを起動し、下記 QR コードを読み取ってください。QR コードが読み取れない方はブラウザから「http://audiobook.jp/exchange/beret」にアクセスしてください。

②表示されたページから、audiobook.jp への会員登録ページに進みます。

※音声のダウンロードには、audiobook.jp への会員登録（無料）が必要です。

※既にアカウントをお持ちの方はログインしてください。

③会員登録後、シリアルコードの入力欄に e2v4g4FG を入力して「交換する」をクリックします。クリックすると、ライブラリに音源が追加されます。

④スマートフォンの場合はアプリ「audiobook.jp」をインストールしてご利用ください。PC の場合は、「ライブラリ」からご利用ください。

〈ご注意〉

- ダウンロードには、audiobook.jp への会員登録（無料）が必要です。
- PC、スマートフォンから音声を再生いただけます。
- 音声は何度でもダウンロード・再生いただくことができます。
- 書籍に表示されている URL 以外からアクセスされますと、音声をご利用いただけません。URL の入力間違いにご注意ください。
- ダウンロードについてのお問い合わせ先：info@febe.jp
（受付時間：平日の 10 ～ 20 時）

CHAPTER
1

気軽に読めるライトな一行ポジティブ英語
Easy to read one-line positive English

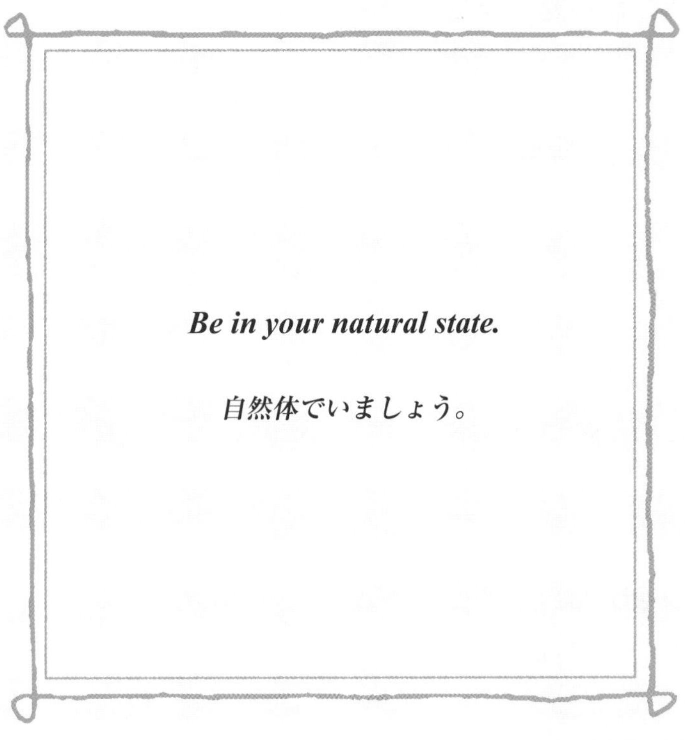

Be in your natural state.

自然体でいましょう。

BGMあり：1-1
BGMなし：1-1

この章のテーマ

忙しくあわただしい毎日。まとまった時間がとれない場合もあるでしょう。この章ではぱっと本を開いて、さっと読める一行のライトなポジティブメッセージを集めました。
朝、一日の始まりに読めばその日のメッセージとして、気になっていることがあるときは、問題解決への直感的なヒントとして活用していただけます。ぜひ声に出して読んだり、手帳に書き込んだりしてください。明るい気持ちに切り替わるスイッチとして、自己肯定のメッセージの読み聞かせを習慣にしましょう！

朝のひと言メッセージ

BGMなし：1-2

It's a new day. It's a new beginning.
新しい一日です。新しい始まりです。

Be solid.
どっしり構えましょう。

Go about and do things briskly.
テンポよく行動しましょう。

Have enough time to do things leisurely.

物事をゆうゆうと行えるように時間の余裕を持ちましょう。

自分にエールを送る

BGM なし：1-3

Things will work out.

何とかなります。

Don't worry. Things will fall into place.

心配しないで。物事は落ち着くべきところに落ち着きます。

You will have a breakthrough soon.

そのうち突破口が見えてきます。

Every struggle will be your asset.

すべての試練は財産になります。

You did well. Treat yourself.

よくがんばりましたね。自分へのご褒美を。

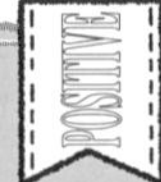

自分を肯定する・自分とつながる

BGM なし：1-4

Stick to your style.

自分流を貫きましょう。

Commit to yourself.

自分としっかり関わりましょう。

Reconnect with yourself.

自分とまたつながりましょう。

Reconnect with your childhood.

自分の子供時代と再びつながってみましょう。

Don't be too much in your mind.
Be in your heart.

頭でっかちではなく、ハートでっかちになりましょう。

Don't put yourself last, put yourself first!

自分を後回しにしないで、自分ファーストでいきましょう！

You already have all the resources you need to be happy.

幸せになるために必要な全ての資源は
すでに自分が持っています。

Go deeper, reach higher.

より深く入りましょう。より高く手を伸ばしましょう。

Get in touch with your own subtle elegance.

自分自身の繊細な優美に触れましょう。

BGMなし：1-5

Honor the process.

過程を味わいましょう。

Consistency is the key.

ぶれないことが鍵です。

Even 5 minutes a day is better than nothing.

一日５分でもやらないよりはいいです。

Let's solidify our foundation.

基礎を固めましょう。

It's okay to take your time.

時間をかけてもいいのです。

Cultivate all of your resources within.
自分の中の資源を耕しましょう。

前に進む

BGMなし：1-6

You are moving forward.
あなたは前進しています。

Embrace change.
変化を歓迎しましょう。

Decide your destination.
行き先を決めましょう。

An idea will come to you.
アイディアがやってきます。

Prioritize your goals.

目標の優先順位を決めましょう。

It doesn’t have to be black or white.

白黒どちらかに決めなくてもいいのです。

Let’s start planting seeds for next year.

来年に向けて種まきを始めましょう。

Go where you feel most powerful.

自分が最も力強く感じるところに行きましょう。

Reconstruct your value system and upgrade yourself.

価値観を再構築して、自分自身をアップグレードしましょう。

恐れを手放す

BGM なし：1-7

Don’t shoulder what you can’t carry.

抱えられないものを背負うのはやめましょう。

When you are overwhelmed, focus on what you can do now.

いっぱいいっぱいの時は今できることに集中しましょう。

Remove your armor and liberate yourself from the burden you are carrying.

鎧を脱ぎ、抱えている重荷から自分を解放してあげましょう。

新しいことに挑戦する

BGM なし：1-8

Set your intention.

意志を固めましょう。

Take action.

行動しましょう。

Let's just dive in!

思い切って飛び込みましょう！

Just take the first step.

とりあえず最初の一歩を踏み出しましょう。

It doesn't have to be perfect.

完璧ではなくてもいいのです。

Envision your ideal life and create a new template for yourself.

理想の生活を思い描いて、自分のための新しいテンプレートを作りましょう。

お気に入りの ポジティブメッセージ

Nana's Favorite Words ①

Hope（希望）

希望は自分が抱く夢や願望、ビジョンの種です。どんなにつらいときでも、目指す人生への希望があるかぎり、それは生きる原動力として私たちを導いてくれます。たとえ視界が曇っていても希望の光は確かに自分の心の中に存在しています。願うことを制限なく思い描いてみましょう。わくわくした気持ちがエネルギーとなり、夢実現への道筋になります。

基本の意味

hope（名詞：希望・望み）
hope（動詞：望む・願う・希望する）

1. hope は「願う・望む」を表します。

I **hope** he passes the test.
彼が試験に合格しますように。

I **hope** things will work out for the best.
物事が最もいいかたちで落ち着くことを願っています。

I **hope** you can get to attend our workshops sometime.
いつかあなたが私たちのワークショップに参加していただけたらと願っています。

2. 自分自身についての希望や願いを表すときは《I hope to + 動詞の原形》のかたちを作ります。

I hope to travel around the world.
世界中を旅したいです。

I hope to be fluent in English.
英語を流暢に話せるようになりたいです。

I hope to study / work abroad someday.
いつか留学したい / 海外で働きたいです。

I hope to communicate with people from abroad.
海外からの人たちとコミュニケーションをとりたいです。

I hope to score over 900 on the next TOEIC Test.
次の TOEIC の試験で 900 点を超えたいです。

I hope to be independent and have my own business.
独立して自分のビジネスを持ちたいです。

I hope to go on an internship program overseas.
海外のインターンシッププログラムに参加したいです。

I hope to get married and have a family.
結婚して家庭を持ちたいです。

3. 日常生活で使える hope を使った表現

I **hope** to see you again soon.
近いうちにまたお会いしたいです。

I **hope** we have a chance to get together again.
また集まる機会があることを願っています。

I **hope** to hear from you soon.
近いうちにご連絡いただければ嬉しいです。

I **hope** you enjoyed the dinner.
ディナーを楽しんでいただけたなら嬉しいです。

I **hope** you get better soon.
あなたが早く回復しますよう願っています。

Hope you have a nice vacation!
素敵な休暇をお過ごしください！
※カジュアルな会話やメッセージでは I を省略できます。

4. hope を使ったポジティブ表現

Don't lose **hope**.
希望を失わないで。

There is always **hope**.
いつでも希望があります。

You are my **hope**.
あなたは私の希望です。

ポジティブ英作文コーナー

叶えたい夢や希望を思い描き《I hope to + 動詞の原形》のかたちを使って自分の願いを書いてみましょう。

CHAPTER
2

朝、一日の始まりに読みたいポジティブ英語
Morning positive messages

Good morning!
New creative ideas
will come to you
when you open your heart.
Let's be open-minded!

おはようございます！
心を開いたとき
新しいクリエイティブなアイディアが
ひらめきます。
オープンマインドでいましょう！

BGM あり：2-1
BGM なし：2-1

この章のテーマ

朝は一日のトーンをセットする貴重な時間。その日を快適に過ごすためのポジティブマインド作りが大切です。ヨガや瞑想、ラジオの語学講座を聞くなど、好きなことを習慣として取り入れるのもいいですね。部屋と心の窓を開き、元気と明るいエネルギーを招き入れましょう。

朝の習慣

BGMなし：2-2

Drink a glass of water to awaken your body.

お水を一杯飲んで身体を目覚めさせましょう。

A good breakfast will give you energy.

朝ごはんをしっかり食べるとエネルギーが湧いてきます。

It’s a beautiful day! Bathe in the sunlight!

さわやかな良い天気です！日光を浴びましょう！

Set 5 minutes each day for yourself.

毎日５分、自分のためだけの時間を持ちましょう。

POSITIVE

週の始めのメッセージ

BGM なし：2-3

Keep your heart and communication channels open and enjoy your day!

ハートとコミュニケーションの回路を開いて
楽しい一日を過ごしましょう！

Let's have a strong, powerful week by keeping our motivation high.

モチベーションを高く持ち、力強く、パワフルな一週間を
過ごしましょう。

Kick-start your week with a smile and a cheerful greeting.

笑顔と明るいあいさつで勢いよく一週間をスタート
させましょう。

Keep your self-esteem high and power through the week.

自信を高く維持し、一週間をパワフルに乗り切りましょう。

Be centered and present in the moment.

自分の中心をしっかりと持ち、今という時間の中に
存在しましょう。

Write yourself a positive scenario and start your day with a smile.
Be excited to find the signs that match your scenario!

自分自身にポジティブシナリオを書き
笑顔で一日を始めましょう。
自分のシナリオにマッチしたしるしを見つけ
わくわくしましょう。

週の半ばから後半にかけて

BGM なし：2-4

**We're halfway through the week.
Reevaluate what's important to you.**

週の半ばに差しかかりました。
自分にとって何が大切なのか、見直してみましょう。

**It's the middle of the week.
Taking a break is not being lazy.
Taking a break is part of working.**

週のなか日です。
休憩することは、怠けることではありません。
休憩することは仕事の一部です。

**Thursday is the day when fatigue shows.
Don't push yourself too hard and work at your own pace.**

疲れが出やすい木曜日。
あまりがんばりすぎず、マイペースで仕事をしましょう。

If you do things sluggishly, you'll only get more tired.
Pick yourself up and get busy!

だらだらと行動するとよけいに疲れてしまいます。
元気を出して、仕事に取りかかりましょう！

Use the time you have in the morning wisely. Happy Friday!

朝時間を有効に使いましょう。ハッピーフライデー！

週末のメッセージ：癒しと充電

BGMなし：2-5

The weekend is here!
Enjoy,
laugh a lot,
and replenish your energy!

週末がやってきました！
楽しんで、
たくさん笑って、
エネルギーを満タンにしましょう！

Self-acceptance.
Self-reliance.
Self-renewal.

自分を受け入れて
自分自身の力で
自分自身をリニューアル。

Just loosen up!

ひたすら緩めましょう！

Press your reset button.

リセットボタンを押しましょう。

Refresh and restore.

リフレッシュして元気を取り戻しましょう。

Relax and recharge your batteries.

リラックスして充電しましょう。

Do the most loving thing you can do for yourself.

自分に愛情を注げる最高のことをしてあげましょう。

Keeping a good work-life balance is important.

仕事と生活のいいバランスを保つことは大切です。

It’s necessary to simply do nothing once in a while.

時にはシンプルに何もしないことも必要です。

Don’t strain yourself too much and rest when you are tired.

無理しすぎずに疲れたときは休みましょう。

It’s time to revitalize and rejuvenate.
Go outside and feel the vibrant energy.

生命力を再び高め、元気を回復する時間です。
外に出て、躍動感あふれるエネルギーを感じましょう。

**In the midst of hecticness,
you tend to lose
your strength and balance
the moment you let your guard down.
Put your health first and recharge for the coming week.**

多忙の中、気が緩んだとたん
ガクッとバランスを崩しがちです。
健康を第一に翌週に向けしっかりと充電しましょう。

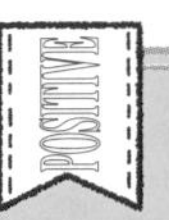

My message to myself：私から私への言葉

BGM なし：2-6

**Every morning,
I drink a cup of hot water and wake up my body.
Once my body is warm,
it is switched on and I'm ready for the day.**

私は毎朝、白湯を飲んで身体を目覚めさせます。
身体が温まるとスイッチがオンになり、
一日を始める準備が整います。

お気に入りの ポジティブメッセージ

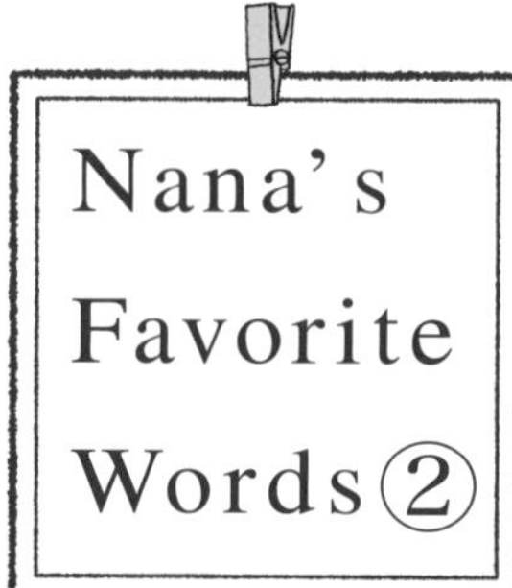

BGMあり：2-2
BGMなし：2-7

Honesty（正直さ）

正直であることは簡単なようで、なかなかむずかしいものです。周囲に気を遣い、気持ちと現実とが折り合わず、本音を心にしまい込んでしまうことがあるからです。自分の正直な気持ちが何なのか、わからなくなってしまうこともあるでしょう。勇気はいりますが、自分の人生を真に生きるには本心に忠実になることが鍵となる気がします。正直になることで、自分の中のバリアが外れ、風通しがよくなり、物事の本来あるべき姿が現れてきます。自分の本当の気持ちを大切にしましょう。

基本の意味

honesty（名詞：正直・誠実・率直）
honest（形容詞：正直な・誠実な・率直な）

1. honestyは「正直・率直」を表します。

Honesty is the best policy.
正直が一番です。

I value **honesty** and sincerity.
私は正直さと誠実さを大切にしています。

2. honestは「正直な・誠実な」を表し、「～に対し正直である」と伝えたいときは《be honest with...》を使います。

He is **honest** and straightforward.
彼は正直でまっすぐです。

Thank you for being **honest**.
正直でいてくれてありがとう。

I don't think she was **being honest** when she said she didn't love him.
彼のことを愛していないといったのは彼女の本心ではないと思います。

It's important to **be honest with** yourself.
自分に正直であることは大切です。

Let's **be honest with** each other.
お互い、正直になりましょう。

I should have **been honest with** myself and pursued my career.
自分に正直になってキャリアの道を進めばよかったです。

Can I **be honest with** you? I think you should break up with Mark.
正直に言っていい？マークとは別れた方がいいと思う。

3. 《honest + 名詞》で「正直な人・意見・感情」などを表します。

Tom is the most **honest person** I've ever known.
トムは私が知っている中で最も正直な人です。

We all know that Mary is an **honest woman**.
メアリーが正直な女性であることはみんな知っています。

Thank you for your **honest answer**.
正直な答えをありがとうございます。

It took courage for her to tell her **honest feelings** to her husband.
正直な気持ちを夫に伝えるのに彼女は勇気がいりました。

I would appreciate it if you could give me your **honest opinion** on this matter.
この件についてあなたの率直なお考えをお聞かせいただければ幸いです。

4. 《To be honest,》《Honestly speaking,》《In all honesty,》は「正直なところ・正直に言うと」を表し、本音を伝えたいときに使うことができます。

To be honest, I want to leave my current job and start working as a freelance writer.
正直なところ、今の仕事を辞めてフリーのライターとして働き始めたいです。

Honestly speaking, I don't think their marriage will work.
正直に言うと、彼らの結婚はうまくいかないと思います。

To be absolutely **honest,** I don't think this project is worth doing.
嘘偽りない本音を言うと、このプロジェクトはやる価値がないと思います。

In all honesty, I wanted to study abroad instead of working after graduating from college.
正直なところ、私は大学卒業後、就職する代わりに留学したかったです。

ポジティブ英作文コーナー

自分の正直な気持ちや思いに意識を向け、《To be honest,》《Honestly speaking,》を使って自分の本心を綴ってみましょう。

CHAPTER
3

夜、一日の終わりに読みたいポジティブ英語
Evening positive messages

Everyone knows how hard you work.
Whatever happened or
didn't happen,
wrap yourself with love
at the end of the day.
Sing yourself a lullaby.

あなたがどれだけ頑張っているか
みんな知っています。
何があってもなくても、
一日の終わりには
自分を愛で包みましょう。
自分自身に子守歌を。

BGMあり：3-1
BGMなし：3-1

この章のテーマ

一日を終えた夜は、その日に起こったことを振り返り、自分と対話する穏やかな時間です。心のざわつきをなだめ、吸収したエネルギーを浄化しましょう。いやな出来事を引きずらず、気持ちを切り替えることが大事です。翌朝、すっきりと目覚められるよう、がんばった自分を労い優しい心持ちで床につきましょう。

緊張をほぐす・クールダウンする

BGM なし：3-2

**Are you back at your home now?
Change into comfortable clothes,
let your guards down,
and unwind yourself from the busyness of the day.**

家に戻りましたか？
部屋着に着替え、ガードを下ろし、
一日の忙しさから自分を解放してあげましょう。

Try not to eat until you're full.

できれば食事は腹八分目にしましょう。

Massage your neck and shoulders.
Be kind to yourself.

首と肩をマッサージ。
自分に優しくしましょう。

Take a nice, long bath to release all tension.
Wash away your stress.
You'll feel refreshed and calm.

心地よくゆっくりとお風呂に入って緊張をほぐしましょう。
ストレスを洗い流しましょう。
気分がさっぱりして落ち着きます。

Give yourself some time to process your day and empty your mind.

その日の出来事を消化し、
頭を空っぽにする時間を持ちましょう。

Blue light makes your eyes tired.
Why not light up a candle of your favorite aroma?
Looking at the candle light will make you feel at peace.

ブルーライトは目を疲れさせます。
お気に入りのアロマキャンドルを灯してはいかがでしょう。
炎を見ていると心が穏やかになります。

No matter what kind of day you had, don’t carry negative thoughts with you.
Smile in front of a mirror and shake them off.

どんな一日であったにせよ、
ネガティブな思いは引きずらず、
鏡の前でにっこり笑って、気持ちを切り替えましょう。

Relax and listen to your favorite music or to soothing sounds of nature.

リラックスして好きな音楽や、
心が安らぐ自然の音を聴きましょう。

**Wind down, dim the lights,
and prepare yourself for a good night's sleep.**

緊張をほぐして、灯りを落とし、
心地良い眠りへの準備をしましょう。

**Go down to the deep,
quiet place inside yourself.
You are safe there.
Go to sleep with a peaceful heart.**

自分自身の中の深く、
静かな場所に下りていきましょう。
そこは安全な場所です。
穏やかなハートで眠りにつきましょう。

**Fill yourself with happy thoughts.
Good night. Sweet dreams.**

ハッピーな思考で自分を満たしましょう。
おやすみなさい。いい夢を。

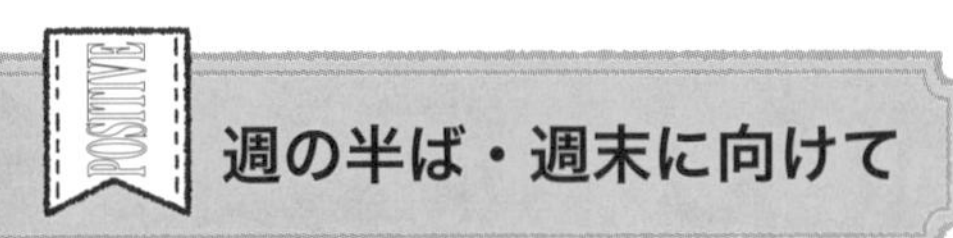

BGMなし：3-3

Wednesday is almost over.
Eat light, sleep early,
and save your energy for the latter half of the week.

水曜日がもうすぐ終わります。
食事は軽く済ませ、早めに寝て、
週の後半に向けてエネルギーを貯めましょう。

It's the end of another day.
One more day to go.
The weekend is just around the corner!

今日も一日終わりました。
あともう一日です。
週末がすぐそこまで来ています！

金曜日

BGM なし：3-4

Friday is here!
It's time to shine and sparkle.
Wrap up your work for the week
and get ready for the weekend!

金曜日がやってきました！
輝き、キラキラする時間です。
今週の仕事を仕上げて、週末を迎える準備をしましょう！

It's Friday night.
We've survived another week!
Do things you enjoy and uplift yourself!

金曜の夜です。
また一週間、乗り切りました！
自分が楽しめることをして、気持ちを盛り上げましょう！

Another week is over.
What are you going to do this weekend?
Let's think up a plan to refresh yourself.

一週間が終わりました。
今週末は何をしますか？
リフレッシュプランを考えましょう。

翌日の準備

BGMなし：3-5

Check your schedule and prepare for the day ahead.

予定をチェックして、次の日の準備をしましょう。

Stay positive and prepare for the week ahead by making a to-do list.

前向きな気持ちでやることリストを作り、
新たな週への準備をしましょう。

**It's Sunday night.
Let's set a goal for waking up tomorrow morning and go to bed feeling excited about the coming week!**

日曜日の夜です。
明日の朝に向けて、起きる目的を設定し、
新たな週の訪れにワクワクしながら床につきましょう。

新月・満月

BGMなし：3-6

It's the night of the new moon.
It's time to make a shift to the next level.
Shift your attention to your creativity,
and declare your intention to become
the person you want to be.
Let's enter a new cycle.

新月の夜です。
次の段階にシフトする時です。
自分の創造性に意識を向けて、
なりたい自分になるという意志を宣言。
新しいサイクルに入りましょう。

It's full moon.
Sit back and enjoy some quiet time.

満月です。
くつろいで静かな時間を楽しみましょう。

Let go of negative thoughts and fill yourself with love for your family and home.

悲観的な考えを手放して、
家族と家庭への愛情で自分を満たしましょう。

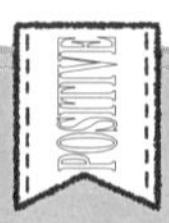

My message to myself：私から私への言葉

BGM なし：3-7

I worked hard with my heart and soul again today.
The exhilarating sensation of using up all my energy is a good feeling.

今日も一日、思い切り仕事をしました。
力を出し切った爽快感が気持ちいいです。

Today was a busy day, but now I have the night for myself.
I'll relax and digest the events that happened today.

今日は忙しい一日でしたが、今、夜はまるまる自分の時間。
リラックスして、今日起こった出来事を消化します。

**Every night before going to bed,
I think of the good things that happened that day.
It allows me to sleep in a peaceful frame of mind.**

毎晩、床につく前に
私はその日に起こった良いことを思い出します。
そうすると穏やかな気持ちで眠りに入ることができます。

**Do you have the back-to-work blues?
I'll take a nice, long bath to elevate my mind and get ready for the coming week.**

明日から仕事に戻るのでブルーになっていませんか？
私はゆっくりとお風呂に入って気持ちを高め、
新しい週に備えます。

**I feel that having a light dinner improves our sleep quality.
I'll avoid sleeping on a full stomach.**

夕食を軽くすると、睡眠の質が上がる気がします。
お腹いっぱいの状態で寝ることは避けようと思います。

It's cold today.
I'll have chicken soup for dinner tonight.
It's the food for my soul.
It warms my body and heart.

今日は寒いです。
今夜の夕食にはチキンスープをいただきます。
私の魂に栄養を与えてくれる食事です。
身体と心を温めてくれます。

お気に入りの ポジティブメッセージ

BGM あり：3-2
BGM なし：3-8

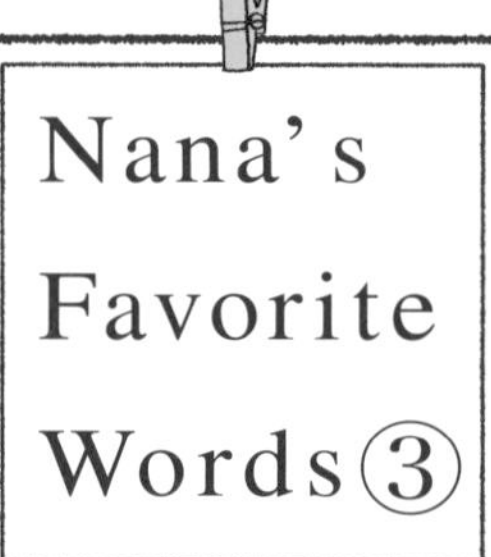

Gentleness（穏やかさ）

極端ではない優しさ、穏やかさ、柔らかさを合わせたようなイメージの gentle という言葉が私は好きです。
スピードが重視されるこの時代、早く結果がでないとイライラし、人や自分に対し険しくなりがちです。けれども、人間のリズムはもっとゆっくりだという気がします。穏やかな人と接すると自然とリラックスするように、笑顔でゆったりとした状態でいれば、ストレスが和らぎ調和が生まれます。ほっと一息入れ、心のさざ波を静める時間を作りましょう。深呼吸し、肩の力を抜き、穏やかな人や状態を思い浮かべてみてください。

基本の意味

gentleness（名詞：穏やかさ・優しさ）
gentle（形容詞：穏やかな・優しい）

1. gentle は「優しい・穏やか・強烈ではない様子」を表し、「〜に対して優しくする」と伝えたいときは《be gentle with...》を使います。

I love him because he is **gentle** and caring.
穏やかで思いやりがあるので彼が好きです。

Be **gentle** when you touch the kitten.
子猫を触れるときはそっと触ってください。

Be gentle with your mistakes.
自分たちの間違いに寛大でありましょう。

My grandmother **is** always **gentle with** me.
私の祖母はいつも私に優しく接してくれます。

Instead of beating ourselves up, let's **be gentle with** ourselves.
自分を責めるより、自分に優しく接しましょう。

I wish I could **be gentler with** my kids. I tend to be too harsh with them.
子供たちにもっと優しく接することができればいいのに。私はいつも厳しくしがちです。

2.《gentle + 名詞》で「穏やかな人・物・状態」を表します。

My mother is a kind, **gentle person**. She always gives me support.
私の母は優しく穏やかな人です。いつも私を支えてくれます。

He is a person with a **gentle heart**.
彼は優しい心の持ち主です。

She is a **gentle soul**. Everyone loves her.
彼女は穏やかそのものです。みんな彼女が大好きです。

I love her **gentle voice**.
私は彼女の優しい声が大好きです。

She spoke to the students in a **gentle manner**.
彼女は穏やかな物腰で生徒たちと話しました。

His **gentle humor** always cheers me up.
彼の穏やかなユーモアはいつも私を元気づけてくれます。

My wife's **gentle smile** always gives me a sense of security and reassurance.
妻の穏やかなほほ笑みは、私をいつも安心させてくれます。

I like listening to the **gentle sounds** of healing music before bed.
私は寝る前、ヒーリング音楽の優しい音色を聴くことが好きです。

I felt so calm bathing in the **gentle moonlight**.
柔らかな月の光を浴びて心がとても落ち着きました。

ポジティブ英作文コーナー

優しく穏やかな人を《...is gentle. /...is a gentle person.》を使ってリストアップしてみましょう。また、自分が優しく接したい人を思い浮かべ、《I want to be gentle with + 人》を使って書いてみましょう。

CHAPTER 4

自分を肯定するポジティブ英語
Approving yourself

Praise yourself.
Be gentle with yourself.
Be proud of who you are.

自分を褒めましょう。
自分に優しく接しましょう。
自分が自分であることに
誇りを持ちましょう。

BGMあり：4-1
BGMなし：4-1

この章のテーマ

私たちはなかなか自分に自信が持てず、自分を責めてしまうことがあります。けれども私たちは世界で唯一無二の輝かしい存在。まずは自分を丸ごと受け止めてあげましょう。この章ではありのままの自分を認め、自己肯定感を上げるサポートとなる前向きフレーズをお届けします。自分を慈しみ、自分自身であることを愛おしみましょう。

美しい自分を慈しむ

BGMなし：4-2

Treat yourself as a beautiful being.
Try not to smash it.
Give it light, water, and nourishment,
and appreciate it with tender eyes.

自分を美しい存在として扱いましょう。
潰さないように。
光と、水と、栄養を与え、
優しい眼差しで愛でましょう。

Tap into the power and beauty within you.
Put self-criticism aside and see the best in you.

自分の中のパワーと美に触れましょう。
自己批判は脇に置いておいて、最高の自分を見ましょう。

**Look at your radiant smile,
your innocent heart,
your beautiful soul.
You are a precious being.
Fall in love with yourself.**

目を向けましょう。
あなたの光り輝く微笑みに。
無垢な心に。
美しい魂に。
あなたはかけがえのない存在です。
自分自身に恋をしましょう。

**You're already a good person
without trying to be a good person.
Be a happy person,
and your goodness will naturally emerge
and bring joy around you.**

良い人間であろうとしなくても
あなたはすでに良い人間です。
幸せな人間であれば
自分の良さは自然に現れ周囲に喜びをもたらします。

You don't have to mold yourself into something you're not to meet the expectations of others. You don't need to bend what's already beautiful.

人の期待に応えるために
自分ではない何かに自分を形作らなくてもいいのです。
すでに美しいものを曲げる必要はありません。

ネガティブからポジティブへとシフトする

BGM なし：4-3

Shift your gears from negativity to positivity, from fear to joy, and from self-denial to self-acceptance.

ネガティブからポジティブへ、
恐れから喜びへ、
自己否定から自己受容へとギアチェンジしましょう。

Being positive is not denying your negative emotions.
They're part of you.
Embrace them and let them guide you to your true voice.

ポジティブであることは
ネガティブな感情を否定することではありません。
それらは自分の一部です。
包み込み、自分の本音へと導いてもらいましょう。

Attacking yourself will darken your soul and people around you.
Be comfortable with who you are, and you'll light up your soul and people around you.

自分を攻撃すると自分の魂と周りの人を暗くします。
自分でいることに心地よくあれば
自分の魂と周りの人を明るくします。

Don’t feel down even if you think you’ve been unproductive.
There is a lot going on inside of you.
Let emotions and information mature.

自分が非生産的であるように感じても
落ち込むことはありません。
自分の内側では多くのことが起こっています。
感情と情報を熟成させましょう。

Cancel the sense of helplessness
and not being good enough.
You have a place and a role.
Hold your head high and exist as you are.

自分は無力で至らないと思う気持ちをキャンセルしましょう。
あなたには居場所と役割があります。
堂々と胸を張って自分として存在しましょう。

As if you’re being lazy,
a sense of apology may come to you
when you’re having fun.
Don’t feel that way.
Your brightness will enrich the world.

怠けているようで
楽しんでいると申し訳ない気持ちになる事があります。
そう思う必要はありません。
あなたの明るさは世界を豊かにします。

自分を肯定する・セルフイメージを高める

BGM なし：4-4

Take back your power and energy by doing things that are truly meaningful to you.

自分にとって本当に意味のあることをして、
パワーとエネルギーを取り戻しましょう。

Remember who you were.
The hopes and dreams you had.
All is not lost.
Your integrity is intact.
Reestablish your true identity.

自分が誰だったか思い出しましょう。
抱いていた希望や夢。
全てを失った訳ではありません。
品位は無傷です。
真のアイデンティティーを再度、確立しましょう。

The important thing is not
what other people think of you,
but what you think of yourself.
Happiness starts with self-approval.

大切なのは他の人が自分をどう思うかではなく、
自分が自分をどう思うかです。
幸せは自己肯定から始まります。

No one is the same as you.
No one's life is the same as yours.
Cherishing your one and only life is
the most loving thing you can do
for yourself.

自分と同じ人は一人もいません。
自分と同じ人生も一つもありません。
唯一無二の人生を大事にすることは
自分にできる最高の自分孝行です。

You don't have to make yourself small.
You don't have to show off.
Your natural self is most attractive.

自分を小さく見せる必要はありません。
自分を誇示する必要もありません。
自然体の自分が一番魅力的です。

Be aware of your likes and dislikes, and what you want and don't want to do. You'll find the jewels within you by knowing yourself.

自分の好き嫌い、
やりたいこととやりたくないことを意識しましょう。
自分を知ることで自分の中の宝石が見つかります。

Make a list of the things you are good at doing, however trivial they may seem. Those are all your charms. Elevate your self-image.

自分が得意とすることのリストを作りましょう。
たとえどんなに些細だと思えることでも。
それらは全てあなたの魅力です。
セルフイメージを高めましょう。

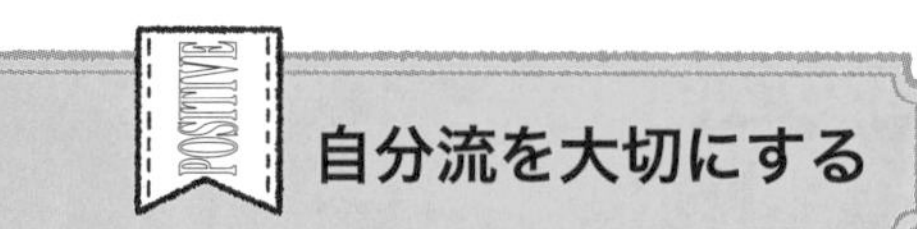

自分流を大切にする

BGM なし：4-5

You are you.
There are things only you can do.
You don't have to follow the mainstream.
Create your own stream!

あなたはあなたです。
あなたにしかできないことがあります。
主流を追いかける必要はありません。
自分流をクリエイトしましょう！

Relationships with others are important,
but the relationship with yourself
is also important.
Be on good terms with yourself.

他者との関係は大切ですが、
自分自身との関係も大切です。
自分と仲良くしましょう。

Your center will be shaky
if you worry too much about
how others perceive you.
You are your own standard.
Have confidence in your heart's decision.

他の人にどう思われるかを気にしすぎると
自分の中心がぐらつきます。
自分の基準は自分自身です。
心の決断に自信を持ちましょう。

Value your sensitivity.
You could be fatigued by picking up
too much and feeling too much.
However, you can appreciate deeper joy.

自分の感受性を大事にしましょう。
拾いすぎて、感じすぎて、疲れてしまうかもしれません。
けれどもより深い喜びを味わえます。

In this life, you have your own
irreplaceable role to play.
Get up on the stage and radiate your light.

この人生において、他の人には代われない
あなたならではの役割があります。
ステージに立って自分の光を放ちましょう。

Shed light on your inner strength,
your inner wisdom,
your inner elegance.
They're all in you to walk the world
with you.

自分の内なる強さ、
内なる英知、
内なる気品に光を当てましょう。
それらは全て自分の中にあり、世界を共に歩んでくれます。

My message to myself：私から私への言葉

BGM なし：4-6

I thought I had no choice.
I thought I had to be strong.
I think I was wrong.
Now, I'm going to reclaim the self
I've left behind.

他に選択肢はないと、
強くなるしかないと思っていました。
私は間違っていたと思います。
今、後に残してきた自分を取り戻します。

**I don't know why I've been given this journey,
but I'll wholly celebrate it with compassion, as my choice.
I'm grateful for my birthday.**

なぜこの旅路を与えられたのかわかりませんが、
自分が選んだものとして、
すべてを丸ごと慈しみ祝おうと思います。
自分の誕生日に感謝します。

お気に入りの ポジティブメッセージ

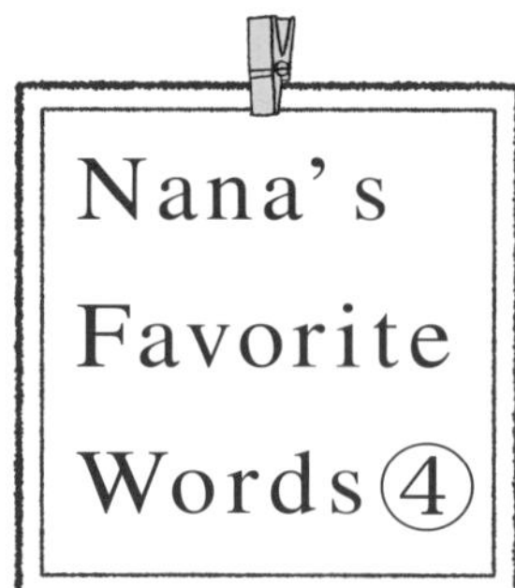

BGM あり：4-2
BGM なし：4-7

Beauty（美しさ）

私たちは一人残らず美しい存在だと思います。Beautiful というと見た目の美しさにすぐに意識がいきますが、いわゆる外見的に「きれい」というだけではなく、beauty には「優れている」「感覚的に心地よい」「順調」という意味もあります。自然、音楽、絵画、小説など、私たちの身の回りには美しいものがたくさんあります。見上げれば空が、足元には花々が、自分の中には心があります。Beauty という言葉を通して、奥深い人生の美に目を向けましょう。そして何よりも自身の内なる美とつながり、自分を輝かせていきましょう。

基本の意味

beauty（名詞：美しさ・美・素晴しいもの・見事なもの）
beautiful（形容詞：美しい・素晴しい・見事な）
beautifully（副詞：美しく・素晴しく・見事に）

1. beauty は「美」、beautiful は「美しい」を意味し、《beautiful + 名詞》で「美しい人や物」を表します。

The fragile **beauty** of the cherry blossoms always touches my heart.
桜のはかない美しさはいつも私を感動させます。

She is **beautiful**.
彼女は美しいです。

The paintings at the museums were so **beautiful** to look at.
美術館の絵画は目の保養になりました。

He has a **beautiful heart**.
彼は心がきれいです。

It’s a **beautiful day**, isn’t it?
快晴ですね！

Listening to **beautiful music** relaxes me.
美しい音楽を聴くとリラックスします。

I was moved by the **beautiful sunset**.
私は美しい夕日に心を動かされました。

We took the scenic route so that we could enjoy the **beautiful scenery** of the sea.
海の美しい景色を堪能できるよう、私たちは絶景ルートをとりました。

2. 「素晴らしいもの・見事なもの」を表すときにも beauty を使うことができ、beautiful は「素晴らしい・見事な」を意味します。

The **beauty** of that movie is that it teaches us the importance of trusting yourself.
あの映画の素晴らしいところは、自分を信じることの大切さを教えてくれるところです。

That was **beautiful**！
きれいに決まりました！

He hit a **beautiful** home run.
彼は見事なホームランを打ちました。

3. beautifully は「きれいに・見事に～した様子」を表し、“work out beautifully” で「物事の順調な様子」を表すことができます。

The house was **decorated beautifully**.
その家の中はきれいに飾られていました。

The flowers in our yard are **blooming beautifully**.
私たちの庭の花々は美しく咲いています。

The life of the composer was **depicted beautifully** in the book.
作曲家の人生はその本の中で見事に描かれています。

The project is **working out beautifully**.
プロジェクトは順調に進んでいます。

Everything **worked out** more **beautifully** than we had expected.
すべて私たちの予想以上にうまくいきました。

4. beautiful・beauty を使った励ましフレーズ

We are all **beautiful** beings.
私たちは美しい存在です。

There is **beauty** in everyone.
私たちみんなに美が備わっています。

Look at the **beauty** within you.
あなたの中の美しさに目を向けましょう。

ポジティブ英作文コーナー

「美しい」という言葉から連想される人や物を書き出し、例文を参考に美にまつわる英文を書いてみましょう。

CHAPTER 5

学び・成長・進化にまつわるポジティブ英語
On learning, growing, and evolving

Be generous with your mistakes.
Babies learn to walk by falling down
and getting back up
again and again.

自分のミスに寛大でありましょう。
赤ちゃんは転んでは起き上がりを
何度も繰り返しながら
歩き方を学びます。

BGMあり：5-1
BGMなし：5-1

この章のテーマ

縁があって始めた学習。勉強し知識を深め、スキルを磨いていくことは、生きる張り合いを与えてくれます。けれども、学びはときめきだけではありません。時には壁にぶつかることもあるでしょう。上達の手ごたえを感じなくて落ち込むこともあるでしょう。ゆっくりでも、少しずつでもよいのです。マイペースで学習を続けていけば、未知なる可能性の扉が開き、自分の世界がどんどん広がっていきます。学んでいる自分を応援しましょう。

学びの魅力

BGMなし：5-2

Learning is a process of discovering treasure in yourself.

学ぶことは自分の中の宝を発見する作業です。

Each step of learning is a stepping stone to greater achievement.

学びの一つひとつのステップは
さらなる達成のための足がかりです。

The bigger the challenge, the greater the reward.

チャレンジが大きければ大きいほど、
得る達成感もひとしおです。

The time will come when what you've been diligently working on will bear fruit.

自分がこつこつと取り組んできたことが
実を結ぶときが来ます。

Life is a long run.
Cherish every moment,
every step, and every experience.

人生は長期戦。
一瞬一瞬、段階の一つひとつ、
経験の一つひとつを慈しみましょう。

We're in an ongoing process of learning and growing.
Let's step into the upward spiral of life!

私たちは絶え間ない学びと成長の過程にいます。
人生の上昇スパイラルに乗りましょう！

The excitement of being at the start line.
The sense of accomplishment of being at the finish line.
The process in between seems long, but it's the best part of learning.

スタートラインにいるワクワク感。
ゴールに着く達成感。
間の過程は長く感じられても、
学ぶ醍醐味に満ちています。

Trying to help by giving answers to those who are learning can have the opposite effect.
Honoring their process will lead you to your own learning.

助けようと思い
学んでいる人に答えをあげてしまうと
逆効果になる場合があります。
相手の過程を尊重することは
自分の学びに繋がります。

学びに行き詰まりを感じたら

BGM なし：5-3

**When you feel stuck,
explore different avenues.
Find your own style through
trial and error.**

行き詰まっていると感じたら、
違う道を探求してみましょう。
試行錯誤をしながら
自分のスタイルを見つけましょう。

**When something fun turns into
an obligation, it becomes heavy.
Give yourself leeway to try different
approaches.
There is more than one way to enjoy.**

楽しいことも義務に変わると重くなります。
違うアプローチを試すゆとりを自分に与えましょう。
楽しみ方は一つではありません。

It’s natural to lose motivation
from time to time.
Distance yourself from it for a while,
then come back to it later
with a fresh perspective.

時々やる気を失うのは自然なことです。
しばらく距離をおいて、
新しい視点をもってまた後で戻ってきましょう。

When you hit a plateau
in the process of learning,
it means you’ve reached one level
of achievement.
Stick with it and prepare for
the next jump!

学びの過程で伸び悩みの時期に入った時、
それは一つの達成の段階に到着したことを意味します。
諦めずに続け、次の飛躍への準備をしましょう！

Don’t be discouraged even if you don’t see
results yet.
You are making progress
more than you think.

まだ結果が見えなくても、くじけずにいましょう。
自分が思っている以上に進歩しています。

Having something that you can devote yourself to is a wonderful thing. Let go of self-doubt and go ahead with it.

無我夢中に打ち込めるものがあるのは素敵なことです。
自分に対する疑いを手放し、思い切り取り組みましょう。

Let us not get engulfed by a wave of information. The information you truly need is not pushy. Let your heart be your filter.

情報の波に飲み込まれないようにしましょう。
自分にとって本当に必要な情報は
押し付けがましくありません。
ハートのフィルターにかけましょう。

情熱を大切にする

BGMなし：5-4

Look at where you were,
where you are now,
where you want to go.
A fascinating process of
learning and evolving.
Keep your flame alive.

これまでいた場所を
今いる場所を
行きたい場所を見てみましょう。
学びと進化の心ときめく過程。
炎を燃やし続けましょう。

When you are engaged in
your true passion,
you are willing to face the challenges.
They are opportunities to grow.
Gain experience and hone your talent.

真の情熱に携わっているとき
試練と向き合う心意気があります。
それらは成長する機会です。
経験を積み、才能を磨きましょう。

Rekindle your passion by
going back to the basics
and remembering why you started
this journey.

基本に戻り、なぜ自分がこの旅に出たのかを思い出し、
自分の情熱に再び火をつけましょう。

Let learning and training be a fun process
instead of a struggle.
Your passion will guide your way.

修行を苦しい闘いではなく、楽しい過程にしましょう。
自分の情熱が自分の道へと導いてくれます。

達成感を味わう

BGMなし：5-5

Give yourself credit for not stopping
moving forward
and let some fresh air into your heart.

歩みを止めなかった自分をたたえ、
心に新鮮な空気を入れましょう。

Accumulate the happy feeling of
being able to do and understand
better than before.
A stroke of confidence will lead you to
the next step.

前よりできるようになった
わかるようになった
嬉しい気持ちを積み重ねていきましょう。
ひとつの自信が次のステップへと押し進めてくれます。

As you go through the stages,
you realize the depth of
both studies and life.
You'll then be proud of yourself
for trying and not giving up.

段階を踏むごとに
学習と人生 両方の奥深さに気づきます。
その時やってよかったと
あきらめなくてよかったと
自分に誇りを持てるのです。

一年を振り返る

BGM なし：5-6

Remember what you wanted to accomplish this year.
There is still time.
Complete your vision so that
you have no regrets before wrapping up the year.

今年達成したかった事を思い出しましょう。
時間はまだあります。
一年を悔いなく締めくくれるよう
描いた未来図を完成させましょう。

Before reviewing what went wrong this year,
congratulate yourself for
what you've done.
What's undone can be next year's project.
Look beyond the finish line.

今年の反省をする前に
自分が成し遂げた事をたたえましょう。
未完の物は来年のプロジェクト。
ゴールの先を見つめましょう。

お気に入りのポジティブメッセージ

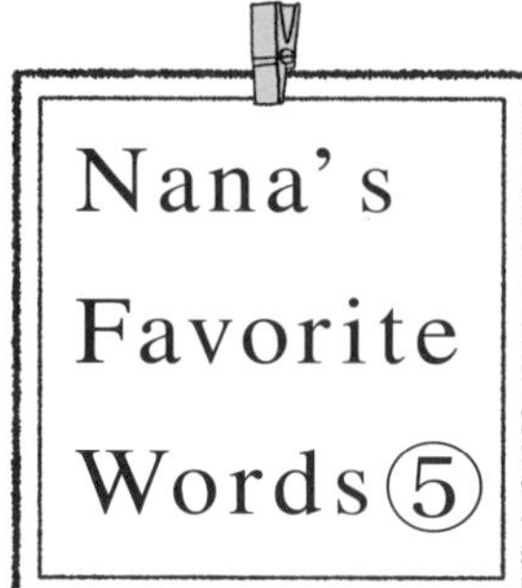

Inspiration（ひらめき）

Inspiration は「ひらめき」「着想」「創造的刺激」など幅広い意味を持つ心が躍る言葉です。ピンとくる感覚はまちがいなく本能からのメッセージです。力み過ぎているとなかなかインスピレーションは降りてきません。芸術的なことに限らずひらめきは心から答えを求め、余裕を持ち、無になった瞬間にパッと浮かんできます。それらは間違いなく人生へのヒントとなる導きです。考え過ぎず、ハートを開き、直感力を磨いていきましょう。

基本の意味

inspiration（名詞：インスピレーション・ひらめき・創造的刺激）
inspire（動詞：インスピレーションを与える・ひらめかせる）
inspiring（形容詞：人々を鼓舞する・感激させる）

1. inspiration は「ひらめき」や「クリエイティブなことに対する刺激」を表します。

Where does your **inspiration** come from?
あなたはどこからインスピレーションを得ていますか？

My source of **inspiration** is YouTube.
私のインスピレーションの源は YouTube です。

I often get **inspiration** through casual conversations with friends.
私は友達との何気ない会話からアイデアを得ています。

An **inspiration** came to me in my dream.
夢の中でインスピレーションがやってきました。

People seek **inspiration** in books, movies, and art.
人は書籍、映画、芸術にインスピレーションを求めます。

The beautiful scenery of Venice provided **inspiration** for his painting.
美しいベネチアの風景は彼の絵画へのひらめきを与えました。

2. 「〜によってひらめき・インスピレーションを得る」と表現したいときは、《be inspired by...》を使います。

I'**m** always **inspired by** his tweets.
彼のツイートに私はいつもインスパイアされています。

I'**m** always **inspired by** her natural and healthy way of living.
彼女の自然で健康的なライフスタイルから私はいつも刺激を受けています。

The movie **was inspired by** a true story.
映画は真実の物語から着想を得ました。

3. 「やる気やひらめきを与える」という意味で inspire を使うことができます。「〜は刺激的である・インスピレーションに満ちている」ということを伝えるときは《主語 + be 動詞 + inspiring》を使います。

It's important to do a good lesson to **inspire** students.
良いレッスンをして、生徒たちの意欲を高めることは大切です。

His powerful speech **inspired** the audience so much that he received a standing ovation at the end.
彼のパワフルなスピーチは聴衆を魅了し、最後にスタンディングオーベーションを受けました。

The book I read on dream manifestation was so **inspiring** that I started journaling right away.
私が読んだ夢実現についての本はとても心を揺さぶるものだったので、すぐにジャーナリング（日記）を始めました。

Mr. Sato's lecture on English education was very **inspiring**.
佐藤先生の英語教育についての講義はインスピレーションに満ちあふれていました。

5. inspirationを使った励ましフレーズ

Your **inspiration** will come to you when you relax and open your heart.
リラックスし、心を開くとひらめきが降りてきます。

There is a fountain of **inspiration** within you.
自分自身の中にインスピレーションの泉があります。

ポジティブ英作文コーナー

自分にインスピレーションを与えてくれる人や物を心に浮かべてみましょう。心を躍らせながら、《I'm inspired by...》《...inspire(s) me.》を使って文章を書いてみましょう。

CHAPTER 6

セルフケア・自分を癒すポジティブ英語
Healing yourself

When you are tired,
you feel irritable,
insignificant,
and envious of others.
That's not your true self.
Rest well
and go back to the real you.

疲れているとイライラし
自分がちっぽけに思え
人が羨ましくなります。
それは真の自分ではありません。
よく休み本来の自分に戻りましょう。

BGMあり：6-1
BGMなし：6-1

この章のテーマ

私たちは普段、自分が思っている以上に心と身体を稼働させています。自分の能力を存分に発揮するためには休むことが大事です。休養は心を穏やかにし、周囲の人に優しくすることにつながります。また、日々の疲れだけでなく、心のケアをすることも忘れてはなりません。泣きたいときはがまんせず、つらい思いは涙と共に流しましょう。心身共に癒され、自分自身の再生力がよみがえります。

無理をしない・休養する

BGMなし：6-2

It's okay to slow down.
It's okay to take your time.
Allow yourself the luxury of
not being rushed.

スローダウンしてもいいです。
時間をかけてもいいです。
急かされない贅沢を自分に与えましょう。

Unknowingly, we overwork our bodies,
overwork our brains,
and overwork our hearts.
Take a timeout and replenish your energy.

私たちは知らず知らずのうちに、
体を酷使、脳を酷使、
そして心を酷使しています。
タイムをとってエネルギーを補給しましょう。

Thinking you'll be able to manage if you push yourself a little harder. That little overextending can gradually weigh you down. Give yourself breathing room.

少し無理をすればなんとかできると思うこと。
その少しの無理が次第に重くなっていきます。
自分にゆとりを与えましょう。

Nourish yourself abundantly. Give yourself a rest abundantly. Love yourself abundantly. Your soul will be happy to be with you.

自分にたっぷり栄養を与えましょう。
たっぷり休養を与えましょう。
たっぷり愛情を注ぎましょう。
魂は自分と一緒にいられて喜びます。

BGMなし：6-3

Taking a walk, doing yoga, studying English...
Do what your heart desires.

散歩をする、ヨガをする、英語を勉強する…
心からやりたいことをしましょう。

Having a good daily routine is the first step towards living a healthy lifestyle.

規則正しい良い生活習慣は
健康的なライフスタイルを送るための第一歩です。

Having enough sleep is important.

睡眠をしっかりとることは大切です。

Is your back rounded?
Take a moment to breathe deeply,
stretch your body, and let the tension go.

背中が丸まっていないですか？
ちょっと時間をとって、深呼吸。
身体を伸ばして、緊張を解き放ちましょう。

Engaging in daily tasks
such as cleaning, doing the laundry,
and grocery shopping can be therapeutic.
Cherish your everyday life.

掃除、洗濯、食料品の買い物など、
日々の仕事をこなすことには癒し効果があります。
日常生活を大切にしましょう。

Decorate your living space
with beautiful things.
Flowers and artwork.
Make your home the best spot
to recharge your batteries.

自分の生活空間を美しいもので飾りましょう。
花や美術品。
自分の家を充電のための最高のパワースポットにしましょう。

自分をいたわる・癒しへと導く

BGM なし：6-4

Sometimes, when you least expect it,
tears flow.
Don’t hold back and give yourself
a good cry.
Tears will relieve the tension in your heart.

時々、ふとした瞬間に涙がこぼれてくることがあります。
抑えずに、自分のために思いきり泣きましょう。
涙が張り詰めた心をほぐしてくれます。

Looking back now,
you realize how hurt you were at that time.
Send yourself some kind words
for being brave and strong
in spite of the pain.

今振り返ると、
あのとき実はとても傷ついていたと気づくことがあります。
痛みの中でも気丈に振る舞った自分に
優しい言葉を送りましょう。

セルフケア・心と身体

BGM なし：6-5

Talk to yourself gently.
Listen to yourself intently.
Take care of yourself tenderly.
Your softness will glow.

自分に優しく語りかけましょう。
自分に心から耳を傾けましょう。
愛おしさを込めて自分をケアしましょう。
自分の柔らかさが輝きます。

At times, your mental busyness exceeds actual busyness.
Things will get done one by one.
Relax and give your mind a vacation.

時折、メンタルの忙しさが
実際の忙しさを上回ることがあります。
物事は一つひとつ片付いていきます。
リラックスし、頭に休暇を与えましょう。

Changes in environment and relationships.
Going through changes uses a lot of mental energy.
Carve out time for self-care.

環境と人間関係の変化。
変化を経験しているときは神経を使います。
セルフケアの時間を意識して確保しましょう。

Imagine the color of deep ocean blue.
Let the energy of blue calm your busy mind.

オーシャンブルーの深い青色を思い浮かべましょう。
青のエネルギーに忙しい頭を静めてもらいましょう。

When the weather is unstable,
you can get unstable as well.
Don't put pressure on yourself
and take it easy.

天候が不安定だと自分も不安定になりがちです。
自分にプレッシャーをかけずに、ゆったり過ごしましょう。

バランスを保つ・自分を取り戻す

BGMなし：6-6

**When there's a storm in your heart,
go to your sanctuary.
Your dignity is there.
Regain your composure
and stand your ground.**

心に嵐が吹き荒れている時、自分の聖域に行きましょう。
自分の尊厳がそこにあります。
落ち着きを取り戻し、しっかり立ちましょう。

**Time to connect with the outer world.
Time to connect with your inner world.
Keep the two in balance.**

外の世界とつながる時間。
自分の内なる世界とつながる時間。
ふたつのバランスを保ちましょう。

**Take a break from the outer world
and explore your inner world.
Enjoy some quiet time with yourself.**

外の世界をひと休みし、自分の内的世界を探検しましょう。
自分との静かな時間を楽しみましょう。

Balance the two elements of day and night within yourself,
and be in harmony with
the cycle of nature.

自分の中にある昼と夜の二つの要素のバランスをとり、
自然のサイクルと調和しましょう。

From this point on,
only love can enter,
only kindness can enter,
only forgiveness can enter.
It's an oasis where you can spend time with yourself.

ここから先は、
愛だけが入れます。
優しさだけが入れます。
許しだけが入れます。
そこは自分と過ごせるオアシスです。

**Stay away from things that hurt your soul.
Light and laughter can be your shield.
Your happy aura will protect you against unloving situations.**

魂を傷つけるものに近づかないようにしましょう。
光と笑いがシールドとなります。
幸せオーラが愛情のない状況からあなたを守ってくれます。

My message to myself：私から私への言葉

BGM なし：6-7

**Sometimes I feel so tired that
my body can't keep up with my mind.
When that happens,
I slow down and wait for
my body to catch up.**

時々あまりにも疲れていて、
体が気持ちについていけないことがあります。
そんな時はペースを落とし、
体が追いつくまで待ってあげます。

The clarity of the morning
and the stillness of the night.
I like both.
They are both important elements
for my well-being.

朝の清々しさと夜の静けさ。
私は両方好きです。
どちらも私にとって、
健やかさを保つための大切な要素です。

It’s raining.
Rain is cleansing and purifying.
The healing sound of rain calms my nerves.

雨が降っています。
雨は浄化し、清めてくれます。
癒しの雨音が私の神経を鎮めてくれます。

お気に入りの ポジティブメッセージ

お気に入りの ポジティブメッセージ

BGM あり：6-2
BGM なし：6-8

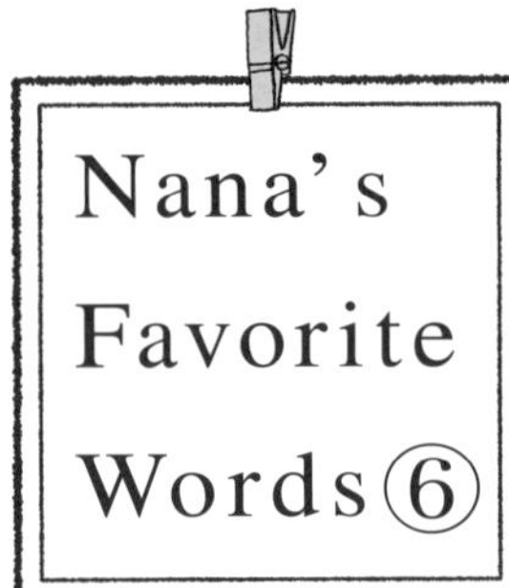

Peace（平和）

Peace はいわゆる「世界平和」のような戦争のない状態を表すと同時に、「平穏」「平静」を意味します。私たちは日々の生活や人間関係の中で周囲の環境に影響され、どうしても気持ちがアップダウンしがちです。自分の中の対立を外の世界に反映させないためには、心のバランスを保つことが大切です。穏やかな毎日を送るために、自分に安らぎをもたらすことを積極的に日常生活に取り入れましょう。

基本の意味

peace（名詞：平和・安らぎ・平静）
peaceful（形容詞：平和な・落ち着いた・穏やかな）

1. peaceful は「平和で穏やかであること」を表します。

I feel **peaceful** when I meditate.
私は瞑想すると心が落ち着きます。

It was so **peaceful** to see the bamboo garden covered with snow.
雪に覆われた竹林を見ることで心がたいへん安らぎました。

I prefer to live in the suburbs because it's more **peaceful** than a big city.
大都市よりも静かで落ち着けるので、私は郊外に住むほうを好みます。

Except for the summer which is crowded with the beachgoers, the city is usually very **peaceful**.
海水浴客でにぎわう夏以外、この街はたいていとても穏やかです。

2. 《peaceful + 名詞》で「穏やかで安らげる時間・環境・状態」を表します。

Have **a peaceful weekend**.
穏やかな週末をお過ごしください。

I enjoyed **the peaceful atmosphere** of the church.
私は教会の静寂な趣を味わいました。

We decided to have **a peaceful holiday** and stayed at a quiet cottage by the lake.
私たちは落ち着いた休暇をとることにしたので、静かな湖畔のコテージに滞在しました。

They created a cozy space by painting the walls in **a peaceful pale pink**.
壁を落ち着くペールピンクに塗ることで、彼らはくつろげる空間を作りました。

Bedrooms should have a restful ambience in order to bring **a peaceful sleep**.
穏やかな眠りをもたらすために、寝室は安らげる雰囲気である必要があります。

Let's solve this problem in **a peaceful manner** without arguing.
口論せずにこの問題を円満に解決しましょう。

3. peacefulは「衝突のない状態」を表します。《at peace with...》は「〜と良好な関係である」、《at peace》は「心穏やかで」、《make peace with...》は「〜と仲直りする」を表します。

Mary and I are **at peace with** each other.
メアリーと私は良好な関係です。

I'm **at peace with** myself.
私は自分自身を受け入れています。

I feel **at peace** when I spend time in nature.
私は自然の中で時を過ごすと気持ちが穏やかになります。

It's important to **make peace with** your past.
過去と折り合いをつけることは大切です。

We **made peace with** each other after the argument.
口論のあと私たちは仲直りをしました。

4. peace を使った平穏を表す表現を覚えましょう：《a peace of mind 心の平穏》、《a sense of peace 穏やかな感覚》、《peace and quiet 安らぎと静けさ》

Reading books is essential to keep **my peace of mind.**
本を読むことは私の心の平穏を保つために必要不可欠です。

I feel **a sense of peace** when I'm with my family.
私は家族といると心が穏やかでいられます。

I felt **a** deep **sense of peace** after the yoga session.
私はヨガセッションのあとに深い安らぎの感覚を味わいました。

I need **peace and quiet** to focus on my report.
私はレポートに集中するために落ち着ける静かな環境が必要です。

ポジティブ英作文コーナー

穏やかで満ち足りた気持ちにさせてくれることを《I feel at peace when...》《I feel a sense of peace when...》を使って書いてみましょう。

CHAPTER 7

新しいことに挑戦する・夢実現のためのポジティブ英語
Trying new things and manifesting your dreams

At any age,
at any stage of life,
you can learn new things,
you can have a new perspective,
you can meet new people.
Welcome the blessed timing.

何歳でも
人生のどのステージでも
新たな事を学べます。
新たな視点を持てます。
新たな出会いがあります。
祝福されたタイミングを歓迎しましょう。

BGM あり：7-1
BGM なし：7-1

この章のテーマ

私たちは新しいことを始めようと思っても、「もう歳だし…」「今さら勉強なんて…」「周りに何を言われるか…」と、様々な恐れから未知の世界に飛び込むことを躊躇してしまいがちです。けれども、興味を持ったことは自分からのサイン。やりたいと思ったときがベストタイミングです。今だからこそ始められる学びがあります。人に何を言われても気にせず、自分に制限をかけずに飛び込んでみましょう。自分で自分の背中を押し、一歩を踏み出したとき、新世界への扉が開きます。

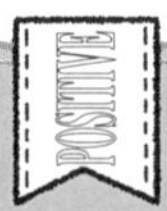

チャレンジしたい気持ちに従う

BGM なし：7-2

Life is adventure.
Sail your ship.
Live your life to the fullest!

人生は冒険です。
漕ぎ出しましょう。
自分の人生を思いっきり生きましょう！

Follow your creative voice
and enjoy expressing yourself
in ways you love!

自分の創造力の声に従い、自分の大好きな方法で
自己表現することを楽しみましょう！

Break out of your shell
and start up something
you've been interested in.

自分の殻を破り、
以前から興味を持っていたことを
始めてみましょう。

You don't need to have a logical reason
to try something new.
Follow your heart
and do what inspires you.

何か新しいことに挑戦するのに
論理的な理由がなくてもいいのです。
自分の心に従い、
やる気が刺激されることをやりましょう。

Even when you think you are not ready,
at times you are nudged to change.
That is a sign.
Start walking toward the new dawn.

たとえ準備不足だと感じても
変化へと押される時があります。
それはサインです。
新たな夜明けに向かって歩き始めましょう。

There are times you question
your values and beliefs.
That could be a calling from
your future self.
Listen to your whisper.

自分の価値観と信念に疑問を抱くときがあります。
それは未来の自分からの呼びかけかもしれません。
自分のささやきに耳を傾けましょう。

Things will start to unfold
when you set your mind
on your life purpose.

自分の人生の目的を達成しようと心に決めたとき、
物事が展開し始めます。

新しいことに挑戦する

BGM なし：7-3

You don’t have to have all the answers
before you even start.
You won’t be able to start anything at all.
Feel the answer born in the unknown.

始める前から全ての答えを出す必要はありません。
何も始められなくなってしまいます。
未知なる世界で生まれる答えを感じとりましょう。

There is no guarantee it's going to go well or not go well.
Our purpose is not to have a guarantee.
We try new things because we want to.

うまくいく保証もいかない保証もありません。
私達の目的は保証を得ることではありません。
私達は自分がやりたいから新たなことに挑戦するのです。

Rather than counting the reasons why you can't start doing it,
count the reasons why you want to.
How much you want it is what makes manifestation possible.

始められない理由を数えるのではなく、
始めたい理由を数えましょう。
実現させるのはどれだけ強く求めているか、その思いです。

You don't have to feel discouraged even if you think you had a late start.
Things start to open up the moment you set your intention.
Keep your passion alive.

出遅れたと感じてもくじけることはありません。
やると決めた瞬間に物事は開き始めます。
情熱を生かし続けましょう。

From right where you are,
you can connect with yourself,
connect with the world,
soar high in the sky,
and sail out to the ocean.

今いるその場所から
自分とつながり
世界とつながり
空高く羽ばたき
大海原に漕ぎ出すことができます。

You have your vision.
You have your purpose.
You have your passion.
You are ready.
Take action!

あなたにはあなたのビジョンがあります。
目的があります。
情熱があります。
あなたは準備ができています。
行動しましょう！

不安や恐れを乗り越える

BGM なし：7-4

Wanting to go out and wanting to stay hidden.
It's enough to take half a step,
to put your hand on the doorknob.
That's your start.

外に出たい気持ちと隠れていたいという気持ち。
半歩踏み出すだけでも、
ドアの取っ手に手をかけるだけでもいいのです。
そこがあなたのスタートです。

People might not approve.
People might say something that discourages you.
We are all different.
Let your own voice be your compass.

人は賛成しないかもしれません。
人はやる気をそぐようなことを言うかもしれません。
私たちはみんな違います。
自分自身の声をコンパスにしましょう。

Life lessons that keep repeating themselves.
Let’s not go back to our old ways.
Take a whole new approach
and graduate from your patterns.

繰り返し現れる人生の課題。
自分の古いやり方に逆戻りしないようにしましょう。
全く新しいアプローチをし、
自分のパターンから卒業しましょう。

When you take a big step forward, something happens that pulls you back to the past.
See it with a new perspective.
It’s a ceremony for a true release.

大きな一歩を踏み出した時
あなたを過去へと引き戻す出来事が起こります。
新たな視点で見てみましょう。
真の解放への儀式です。

POSITIVE 夢を成熟させる

BGM なし：7-5

Give it a year.
Give it 3 years.
Give it 5 years.
Give your dream as much time as it needs to manifest.

1 年、与えましょう。
3 年、与えましょう。
5 年、与えましょう。
夢がかたちになるまで、必要な時間を夢に与えてあげましょう。

Every day we have a chance to be reborn, to start over again.
The life that starts today can be different from the life you've been living before.

毎日 生まれ変わるチャンスがあります。
やり直すチャンスがあります。
今日から始まる人生は
これまでとは違う人生になり得ます。

Look inside yourself,
and you'll find the answer.
Be aligned with yourself,
and you'll find your path.

自分の内側を見れば、答えが見つかります。
自分自身と同調していれば、自分の道が見つかります。

Trying something new gives us a chance to train spontaneity.
Improvisation stimulates our brains and maximizes our potential.

新たな挑戦は自発性を鍛える機会を与えてくれます。
即興は脳を活性化し、潜在能力を最大限に引き出してくれます。

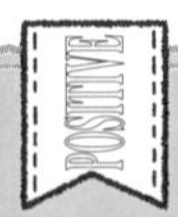

My message to myself：私から私への言葉

BGM なし：7-6

It's scary to change.
It's scarier not to change.
I'll be brave and take the first step.

変わることは怖いです。
変わらないことはもっと怖いです。
私は勇気を出して、最初の一歩を踏み出そうと思います。

This time last year,
my heart was pounding at
the new adventures awaiting me
in the coming year.
This year, my heart is pounding at
the adventures yet to come.

去年の今頃
翌年待ち受ける新たな冒険にドキドキしていました。
そして今年
更なる冒険の到来に胸がドキドキしています。

お気に入りの ポジティブメッセージ

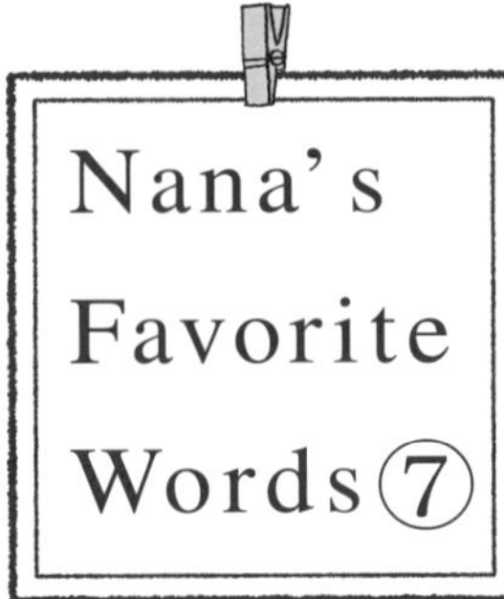

BGM あり：7-2
BGM なし：7-7

Courage（勇気）

戦士のように戦うことも勇気ですが、私が惹かれるのは自分の内側にある強さを抱きしめるような、しなやかな勇気です。誰しも新しいことに挑戦するとき、慣れ親しんだ環境から一歩踏み出すときは怖く、勇気が必要です。私たちには秘めた強さがあり、それが開拓精神となり、自分たちの道を切り開くたくましい行動へと推し進めてくれます。興味のあることは怖くてもやってみる価値があります。自分の勇気と共に、人生という冒険が差し出す可能性を広げていきましょう。

基本の意味

courage（名詞：勇気・勇敢）
courageous（形容詞：勇気ある・勇敢な）

1. courage は勇気を意味し、《take courage to ＋動詞の原形》で「～をするには勇気がいる」ということを表します。

I admire your **courage** for putting yourself out there on social media.
SNS で発信しつづけるあなたの勇気に感服します。

I respect my son's **courage** to apply for a university in the States to further his studies.
さらなる学びのためにアメリカの大学に出願した息子の勇気を尊重します。

It was because of your **courage** that this project was a success.
このイベントが成功したのはあなたの勇気のおかげです。

It **takes courage to stand up** for yourself.
自分自身を貫くことは勇気がいります。

It **takes courage to step out** of your comfort zone.
慣れ親しんだ領域から一歩踏み出すのは勇気がいります。

It **took me a lot of courage to go** for that interview.
私にとってあの面接に行くことは大きな勇気が必要でした。

2. 《have the courage to + 動詞の原形》で「特定の行動をする勇気」を表します。

She **had the courage** to face the reality.
彼女は現実を直視する勇気がありました。

I didn't **have the courage to tell** him the truth.
私には彼に真実を伝える勇気がありませんでした。

Nothing is impossible if you **have the courage** to work your way through.
やり遂げる勇気があれば不可能なことはありません。

I wish **I had the courage** to ask my boss for a pay raise.
上司に給料アップを頼む勇気が私にあればいいのに。

3. 《courageous + 名詞》のかたちを使って「勇気ある決意や行動」を表すことができます。

It was **a courageous decision** to cancel the event.
イベントをキャンセルすることは勇気のある決断でした。

There are times you have to make **courageous changes** in your life.
人生において勇気をもって変わる必要があるときがあります。

The most **courageous thing** I've done in my life is quitting my job and moving to Australia to become a Japanese teacher.
人生の中で私がとった最も勇気のある行動は、日本語教師になるために仕事を辞めてオーストラリアに移住したことでした。

4. 「私は～をする勇気が欲しい」 と言いたいときは《I want to have the courage to + 動詞の原形》のかたちを使います。

I want to have the courage to say "no."
私は「ノー」と言う勇気が欲しいです。

I want to have the courage to ask her out.
私は彼女を誘う勇気がほしいです。

I want to have the courage to apply for the job.
私はその仕事に応募する勇気が欲しいです。

I want to have the courage to take the English online lessons.
私は英語のオンラインレッスンを受ける勇気が欲しいです。

ポジティブ英作文コーナー

《I want to have the courage to...》のかたちを使って勇気を持ってチャレンジしてみたいと思うことを書いてみましょう。

CHAPTER 8

前に進むときに背中を押してくれるポジティブ英語
Moving forward

When things don't go
as expected,
maybe there is a greater plan.
The blessing can come from
outside your frame.

物事が思い描いた通りにいかないとき、
もっと素敵なプランがあるのかもしれません。
恩恵は自分の枠の外から
やってくることがあります。

BGMあり：8-1
BGMなし：8-1

この章のテーマ

時に私たちは課せられる義務の中で、前進したくても身動きが取れないと感じることがあります。また、変化に飛び込んだものの、なかなか思うようにことが運ばす、「やっぱりだめか…」と、挫折しそうになることもあります。けれども、前に進もうとする気持ちには思いがけないところから、思いがけないかたちで、サポートがきます。自分のパターンから卒業するいい機会です。一つの結果に固執せず、不安を振り払い、進み続けましょう。物事はよい方向に向かっていると信じ、まだ見ぬ世界からの恩恵を受け取りましょう。

決断する・踏み出す

BGM なし：8-2

The best days of your life are yet to come. Think happy thoughts and raise your vibration.

まだまだ人生はこれからです。
楽しいことを考えて、自分の波動を上げましょう。

If you think you have to make the right decision, the fear of making the wrong decision may arise. Focus on making a happy decision.

正しい決断をしようと思うと、
間違った決断をすることへの
恐れが湧いてくるかもしれません。
幸せな決断をすることを意識しましょう。

What to do or not do. What to accept or refuse. How open or closed you should be. Put your hand over your heart and gut, and see how you feel.

何をするのかしないのか。
何を引き受けて何を断るのか。
どれだけ開き、閉じるのか。
胸とお腹に手を当てて、どう感じるか見てみましょう。

Instead of holding on to the fear of stepping out,
your heart will feel lighter with the actual stepping out.
Move your emotions with your action.

踏み出す恐怖を抱え続けるより
実際に踏み出したほうが心はずっと軽くなります。
行動と共に感情を動かしましょう。

Following your heart's navigation,
let's go on a treasure hunt.
Your unknown bountiful resources.
Excavate the gold in you!

心のナビゲーションに従って
宝探しに出かけましょう。
あなたの未知なる豊かな資源。
自分の黄金を掘り起こしましょう！

You don't have to wait for the right time to reframe your mind.
Start creating the ideal.
It's never too early to become the person you want to be.

心構えを新たにするのに時期を待つ必要はありません。
理想を創造し始めましょう。
なりたい自分になるのに早すぎることはありません。

Stability to stay firmly grounded and flexibility to adapt to the circumstances.
Use those tools inside yourself to go through life changes.

どっしりと構える安定感と
臨機応変に対応する柔軟性。
自分の中のそれらのツールを使って
人生の変化をくぐり抜けましょう。

The times are moving.
Time is passing.
Let us also shift smoothly to the next cycle.

時代は動いています。
時は流れています。
私達も次のサイクルへよどみなく移行しましょう。

BGM なし：8-3

A bumpy road or a dead end.
You’re still moving forward.
It’s okay to change directions
or make a U-turn.
Keep going towards your destination.

でこぼこ道に行き止まり。
それでも前進しています。
方向転換しても U ターンしてもいいのです。
目的地に向かって進み続けましょう。

Don’t let yourself get in the way of
your happiness.
Open your gate and let yourself in.
The gatekeeper is you.

自分が自分の幸せの前に
立ちはだからないようにしましょう。
門を開き自分を通してあげましょう。
門番はあなたです。

When you are in a period of transition,
there could be waves between two values
of the old and the new.
Give it time.
The new will sort itself out.

移行期にいるとき
新旧ふたつの価値観の間で
波が立つかもしれません。
時間を与えましょう。
新しい状況は自ずと落ち着きます。

Your new story will go back
to your old story
if you keep the negative beliefs
about yourself.
Change your mindset and let your
true story begin.

自分の新たな物語も
自己否定の考えを保持したままでは
古い物語に逆戻りします。
マインドセットを変え真のストーリーを始めましょう。

Don’t go ahead of yourself.
Don’t fall behind yourself.
Stay next to yourself in the present,
and walk together side by side.

自分を追い越さないようにしましょう。
自分から遅れないようにしましょう。
今この時の自分のとなりにいて
二人三脚で歩みましょう。

When you’re focused on the things
at hand with heart and soul,
there is no room for past regrets or
future concerns.
Your mind is in the now.

目の前のことに全身全霊で集中しているとき
過去への後悔も未来への不安も入る余地がありません。
意識は今にあります。

The invisible core of your being is
formless, ageless, and timeless.
Lift your limitations,
expand, and fly out of the stagnancy.

目に見えない自分の存在の核は
形がなく、年齢がなく、永遠です。
限界を外し、拡大させ、停滞から飛び立ちましょう。

予期せぬ物事の展開

BGMなし：8-4

**An unexpected turn of events could lead you to a great discovery.
Let it take its natural course and let yourself be pleasantly surprised!**

予期せぬ事態の展開が
あなたを偉大な発見に導いてくれることがあります。
自然の成り行きに任せ、自分に嬉しいサプライズを！

**It sometimes happens that the things that hadn't worked out actually lead to better outcomes.
In the end, things will work out for the best.**

時にうまくいかなかったことが
かえってよい結果に繋がったことがあります。
最終的に物事はベストのかたちに落ち着きます。

発想の転換・違う道を模索する

BGM なし：8-5

Give yourself a Like.
Become a follower of your life.
It's too early to give up.
There is a way.
There is also a different way.

自分に「いいね」をあげましょう。
自分の人生のフォロアーになりましょう。
あきらめるには早いです。
道はあります。
違う道もあります。

Things that should work out
will work out naturally.
Things that don’t have to work out
will somehow not work out.
Believe that all is well.

うまくいくべきことは自然とうまくいきます。
うまくいかなくてもいいことはなぜかうまくいきません。
全て順調だと信じましょう。

Expand the things that are going well.
Reassess and readjust the things
that you feel aren't going well.
Reviewing is part of moving forward.

うまくいっていることは発展させましょう。
うまくいっていないと感じることは見直し再調整しましょう。
振り返ることは前進することの一部です。

Active waiting is part of taking action.
When you are not sure,
pause and observe.
Wait for the right timing!

積極的に待つことは行動することの一部です。
確かではないときは、ちょっと立ち止まって、観察。
ぴったりのタイミングを待ちましょう！

When you do a headstand,
you can see the world upside down.
Flip your heart,
and you'll see the other side of the story.
Reverse your way of thinking.

さか立ちをすると世界が逆さまに見えます。
心もひっくり返せば反対側のストーリーが見えてきます。
発想の転換をしましょう。

You can have a different scenery
by changing where you stand.
Stand at the top of your world
and enjoy the gorgeous view.

立ち位置を変えると違う風景が見えてきます。
自分の世界の頂きに立ち、
素晴らしい景色を堪能しましょう。

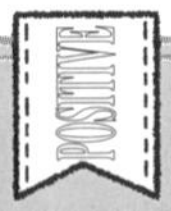

My message to myself：私から私への言葉

BGM なし：8-6

I knew then, deep in my heart,
something wasn't right,
something didn't click.
It was hard to face,
but that was my awakening.

あのとき心の底では何かが違うと、
何かがしっくりこないと気づいていました。
直視することはつらかったですが
それが私の目覚めでした。

**I don’t know how far I can go,
but I shall keep going
to my heart’s content
to the best of my ability.
Let my journey continue.**

どこまで行けるかわかりませんが
心が納得のいくところまで
全力で進んでみようと思います。
私の旅は続きます。

お気に入りの ポジティブメッセージ

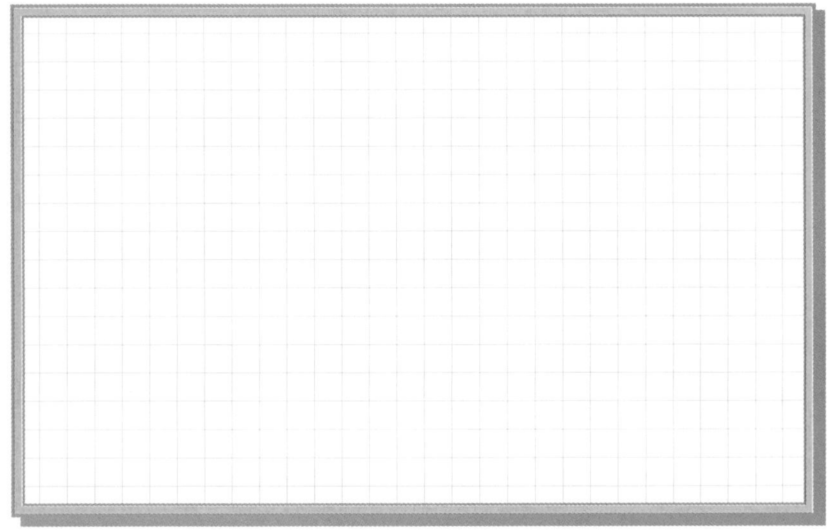

BGM あり：8-2
BGM なし：8-7

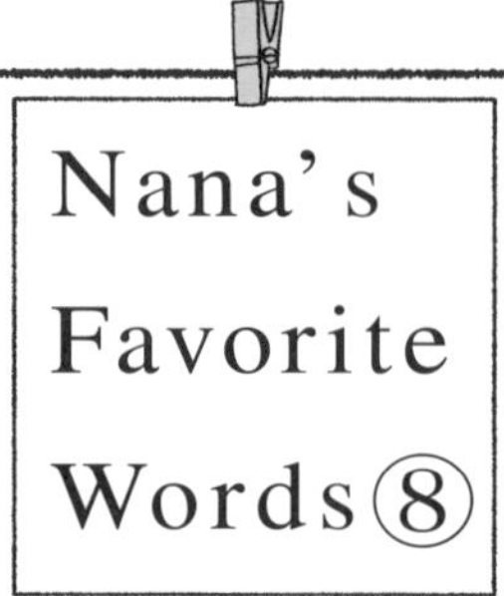

Confidence（自信）

私たちは「自信がある・ない」という話を日常的によくします。ほとんどの場合、「自分に、語学力に、外見に、才能に、自信がない」というネガティブなかたちで発せられるのが多いのではないでしょうか。「自信」というと confidence という単語が浮かびますが、confidence には「信頼や信用」という意味もあります。「自分はできる」と、まず自分を信頼しましょう。時間がかかっても、人の何倍もの努力が必要であってもあきらめずに自分を信じること、そして取り組み続けることが自分に対する確信となり、自信へと成長します。

基本の意味

confidence（名詞：信用・信頼・自信）
confident（形容詞：自信のある・確信している）
※ confidence が「信頼」を表すのか、「自信」を表すのかは文脈によって判断します。

1. 《have confidence in...》で「～を信用・信頼する」ことを表します。

The players **have confidence in** their coach.
選手たちはコーチを信頼しています。

The project leader **had confidence in** his team members.
プロジェクトリーダーはチームメンバーを信頼していました。

He **has confidence in** his subordinates' abilities.
彼は部下の能力を信頼しています。

The students **had confidence in** the advice from the cram school teacher.
生徒たちは塾の先生のアドバイスを信頼していました。

2. confident は「自信のある状態」、confidence は「自信」を意味します。with confidence は「自信をもって」を表します。また confidence は、have（持っている）、gain（得る）、lack（欠ける）、lost（失う）、boost（高める）、restore（取り戻す）などの動詞とよく用いられます。

Be **confident**！
自信をもって！

I wish to speak **with** more **confidence** about what I think.
自分の考えをもっと堂々と話せるようになりたいです。

You should **have** more **confidence** in yourself.
もっと自分に自信をもったほうがいいですよ。

I **gained confidence** when I reached my target score on the TOEIC Test.
私は TOEIC で目標点に達したとき自信を得ました。

He **lacks confidence** as a manager.
彼はマネージャーとしての自信に欠けています。

I **lost confidence** when I didn't pass the Eiken test.
英検に不合格だったとき、私は自信を失いました。

I **restored** my **confidence** when my boss praised me.
上司に褒められたとき、私は自信を取り戻しました。

This workshop is to **boost** your self-**confidence**.
このワークショップは自己自信を高めるためのものです。

3. 「～をする自信がある」と伝えたいときは《have confidence in...》《be confident about...》を使います。

I **have confidence in** my PC skills.
私はパソコンスキルに自信があります。

I **don't have confidence in** my physical strength.
私は体力に自信がありません。

I wish **I had more confidence in** my English conversation skill.
私は英会話力にもっと自信を持てればと願っています。

I'**m confident about** my knowledge of English grammar.
私は英語の文法知識に自信があります。

4. confident は「確信している」ことを表すときも使うことができます。

I'm **confident** that you will pass the test / get the job.
私はあなたが試験に合格すると / 採用されると確信しています。

The company is **confident** that their new product will receive good reviews.
会社は新商品が高評価を得ることを確信しています。

ポジティブ英作文コーナー

自分が信頼する人、そして自分が自信をもってできる得意分野に思いを巡らせましょう。自信があることが思い浮かばないときは、やっていて楽しいと思うことや自分の好きなことを考えてみましょう。あまり自分に厳しくせずに、《I have confidence in...》を使って信頼する人や自分の得意なことを書いてみてください。

CHAPTER

9

恐れと心配を手放すポジティブ英語
Letting go of fear and anxiety

Worrying can become a habit.
You don't need to look for things to
worry about
when there's nothing to worry about.
Enjoy the state of happiness.

心配は習慣になることがあります。
心配する事がないのに
心配する事を探す必要はありません。
幸せの状態を味わいましょう。

BGMあり：9-1
BGMなし：9-1

この章のテーマ

心配したり恐れたりすることは、傷つくことから自分を守ろうとする予防線とも言えます。けれども心配ばかりしているとそれ自体がふくらみ、現実化してしまうことがあります。それは避けたいところです。心配は自分につきまとうかもしれませんが、その都度、気持ちを強く持ち、「大丈夫」「うまくいく」と、信じて進んでいくことが肝心です。恐怖に飲み込まれないように、コンディションを整え、楽観的で前向きな視点を維持しましょう。

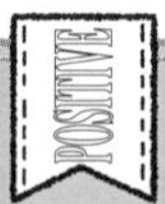

古いものを手放す・空間を作る

BGM なし：9-2

Goodbye to the old me.
Hello to the new me.

古い自分にさようなら。
新しい自分にこんにちは。

Clear your mind. Clear your heart.

頭を整理しましょう。心のお掃除をしましょう。

Don't let things pile up.
You'll feel much lighter
once they are done!

やることをためないようにしましょう。
片付けば気持ちも軽くなります！

Clear your space and let the positive
energy flow through.
Open your door to new opportunities.

空間をすっきりと片付けて、
ポジティブなエネルギーが流れるようにしましょう。
新しいチャンスへの扉を開きましょう。

Organize your thoughts and clear your
mental space.
Make room for new ideas and inspiration.

考えを整理して、メンタルスペースをスッキリさせましょう。
新しいアイディアとひらめきのための空間を作りましょう。

When you are buried under the things on your to-do list, you lose sight of what you truly want to do. Extract only the things you wish to pour your energy into.

やることリストに埋もれていると
自分が本当にやりたい事を見失ってしまいます。
注力したい事だけを抽出しましょう。

Familiar doesn't necessarily mean happy. There is a place where you can naturally and truly be happy without having to convince yourself. Unveil it.

なじみのあることが幸せだとは限りません。
自分を説得しなくても自然と心から
幸せでいられる場所があります。
ベールを外しましょう。

You'll be overloaded
if you bring in the new
while carrying the old.
Gently say goodbye to things
that don't match the image
of your happy future self.

古い物を抱えたまま新しい物を取り込むと
容量オーバーになります。
幸せな未来の自分像と合わない物とは
優しくさよならしましょう。

Now is a good time to grow out of the
things that no longer serve you.
Let them go, be light,
and enter a new phase.

今こそ自分にとってすでに
役割を終えたものから卒業するいいときです。
手放し、身軽になり、新たなフェーズに入りましょう。

Take the plunge and stop doing the things you've wanted to stop.
Start doing the things you've always wanted to start.
Seize the timing to let go and let in.

思いきってやめたかった事をやめましょう。
ずっと始めたかった事を始めましょう。
手放して受け入れるタイミングをとらえましょう。

心配と恐れを手放す

BGMなし：9-3

Instead of worrying about the worst-case scenario, let's be excited about the best case scenario.

最悪の状況を想定して心配するより、
最高の状況を想定してワクワクしましょう。

If you focus on lack,
you'll find things to complain about.
If you focus on abundance,
you'll find things to be grateful for.
Shift your focus.

不足に意識を向けると、不満を言うことが見つかります。
豊かさに意識を向けると、感謝することが見つかります。
焦点をシフトさせましょう。

Thinking too much makes you tired.
Worrying depletes your energy.
Stop and focus on what makes you smile.

考えすぎは疲れます。
心配するとエネルギーを消耗します。
ストップして、自分が笑顔になることに意識を向けましょう。

When you feel trapped,
untangle the threads of your thoughts
one by one.
The answer will reveal itself to you.

身動きがとれないと感じたら、
思考の糸を一本一本ほどきましょう。
答えはおのずと現れてきます。

Fear of failure, rejection, not being loved.
Fear takes many forms,
but it has no power.
Dissolve all your fears with your radiance.

失敗する、拒絶される、愛されない恐怖。
恐れは様々なかたちをとりますが力はありません。
すべての恐れを自分の輝きで溶かしましょう。

感情を浄化する

BGMなし：9-4

Allow your emotions to surface.
If you bottle them up,
they'll sink deeply and pile up.
Let them find their place.

感情を浮上させましょう。
蓋をしてしまうと深く沈み、積もっていきます。
感情に居場所を見つけさせてあげましょう。

Let's detoxify.
Release pessimistic thoughts and beliefs that are holding you back.
Don't forget to smile!

デトックスしましょう。
自分の進歩をはばむ
悲観的な考えと思い込みを手放しましょう。
笑顔を忘れないで！

Let the warm sunlight dissolve your anger and frustration.
Fill that space with compassion.

温かい日差しに怒りやいらだちを溶かしてもらいましょう。
その空間を深い思いやりで満たしましょう。

不安と恐れの壁を越える

BGMなし：9-5

The courage to ask for help.
The courage to stand on your own.
Those two will connect with your
inner strength and open the heavy door.

人に助けを求める勇気。
自分の足で立つ勇気。
そのふたつの勇気が自分の内なる強さと繋がり
重い扉を開いてくれます。

Let us not collect unpleasant events.
It'll make you feel worse.
Empty them out and invite in
all the great things
you can possibly imagine.

いやな出来事を集めるのはやめましょう。
もっと落ち込んでしまいます。
空っぽにし、想像し得るとびっきりのことを
すべて招き入れましょう。

Unclench your fists so that you can let go of the tension,
receive guidance,
and feel the light that is always there.

握りこぶしをほどきましょう。
緊張を手放せるように、
導きを受け取れるように、
いつもそこにある光を感じることができるように。

The heavy pressure that you're feeling.
Some of it may be self-imposed.
Gently lift the pressure
that's pressing you against the wall.

重く感じているプレッシャー。
自ら課している部分が多少あるかもしれません。
自分を壁に押し付けている圧力をそっと外しましょう。

With firm steps,
go past the wall of your fear, anxiety,
and lack of confidence.
It's time to enter the world where you can shine and thrive.

しっかりとした足どりで
恐怖の壁、不安の壁、自信の欠如の壁を通り過ぎましょう。
自分が光り、発展する世界に入るときです。

Sometimes what you see is not what you think it is.
Lift your preconceived notions and look beyond.
A gentler world might emerge.

自分の目に映るものは自分が思っているものと
違う場合があります。
先入観を外しその先を見てみましょう。
より優しい世界が姿を現すかもしれません。

新年に向けて

BGMなし：9-6

The last month of the year is flying by.
Leave no stone unturned.

今年最後の月が飛ぶように過ぎていっています。
やり残しのないようにしましょう。

Cleanse your feelings,
simplify your thoughts,
and start off next year with a clean slate.

感情を浄化して、
思考をシンプルにして、
まっさらな状態で新年を迎えましょう。

My message to myself：私から私への言葉

BGM なし：9-7

I used to equate busyness with my self-worth, constantly adding pressure to myself. Now, I'm breaking that habit and learning to validate myself.

私は忙しさと自分の価値とを同一視し、
絶えず自分にプレッシャーを与えてきました。
今はその習慣を破り、自己承認することを学んでいます。

お気に入りの ポジティブメッセージ

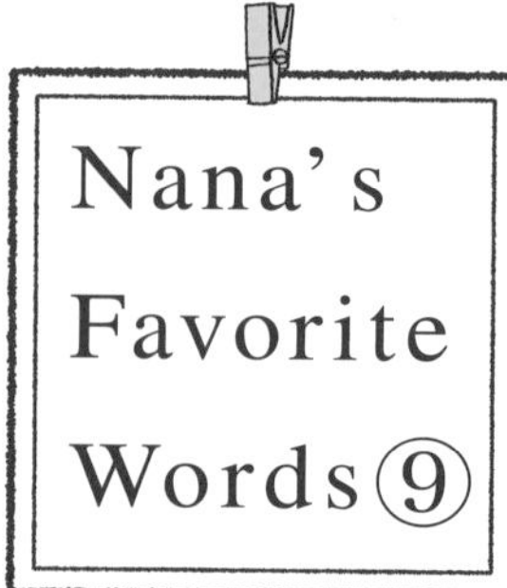

Blessing（恵み）

Blessing -「恩恵」というと少し宗教的な響きがあり、普段あまり使わない言葉かもしれません。けれども「恩恵」を「ありがたいもの」「感謝すること」という言葉に置き換えると、しっくりくるのではないでしょうか。家族、友人、学業、仕事、健康、出会い、衣食住など、私たちは日ごろから多く恵みに囲まれていると気づきます。それらはすべて当たり前のことではなく、私たちを生かしてくれる恩恵です。忙しい日常においてはストレスばかりに意識が向かいがちですが、日々の支えに目を向けると、感謝の気持ちがおのずと湧いてきます。

基本の意味

blessing（名詞：恵み・恩恵・祝福・承認）
bless（動詞：祝福する・恵みを授ける）

1. blessingは「幸せをもたらすこと・ありがたいと思うこと」を表します。

My two beautiful daughters are a **blessing** to me.
私の二人の娘は私にとっての恵みです。

It was a **blessing** that I got the job that I wanted.
望んだ仕事を得ることができたのはありがたいことでした。

It's a huge **blessing** that I'm happily married and have a nice family.
幸せな結婚をし、いい家庭に恵まれていることは私にとってとてつもなくありがたいことです。

You are a **blessing** to our company.
あなたの存在はわが社の宝です。

2. 「ご加護・天恵」を表すとき blessing を使います。

Rain is a **blessing** of nature.
雨は天の恵みです。

It was a **blessing** that the typhoon didn't hit our area.
私たちの地域が台風に見舞われなかったのは幸いでした。

The illness turned out to be a **blessing**. It gave me time to listen to my body and reevaluate my lifestyle.
病気になったことは結果的に恵みとなりました。体の声を聴き、生活習慣を見直す時間を与えてくれました。

Losing my job was **a blessing in disguise**. It gave me a chance to pursue my true passion as a musician.
職を失ったことは一見災難だと思われましたが、かえって良い転機となりました。それは音楽家になるという自分の真の情熱を追う機会を与えてくれました。
※ a blessing in disguise 一見不幸に思えたことも結果的に幸福となる（災い転じて福となる）の意

3. blessing は「承認・祝福」、bless は「祝福する・加護を与える」を表します。

You have my **blessing**.
私は承認・祝福します。

My parents gave us their **blessing** for our engagement.
両親は私たちの婚約を認めてくれました。

The priest **blessed** our marriage at the wedding.
牧師は私たちの結婚式で祝福を与えてくれました。

4.《be blessed with...》で「〜に恵まれている・〜に備わっている」ということを表します

I'**m blessed with** good health.
私は健康に恵まれています。

He **is blessed with** musical talent.
彼は音楽の才能に恵まれています。

She **is blessed with** language ability.
彼女は語学の能力に恵まれています。

I'm so lucky to **be blessed with** good friends.
いい友達に恵まれて私はラッキーです。

I wish I **were blessed with** an artistic sense.
私に芸術的なセンスがあればよかったのに。

The area **is blessed with** rich natural resources.
その地域は豊かな天然資源に恵まれています。

This year, **we are blessed with** good harvest.
今年、私たちは収穫に恵まれています。

ポジティブ英作文コーナー

自分の生活を振り返ってみましょう。《I'm blessed with...》を使い、ありがたいと思える人や状況をについて、感謝の気持ちを込めて書いてみましょう。

CHAPTER

10

自分に元気とエールを送るポジティブ英語
Empowering and encouraging yourself

More than you think,
you are talented,
you are loved,
and you make people happy.
Gently realize that.

自分で思っている以上に、
あなたには才能があります。
あなたは愛されています。
そしてあなたは人を幸せにしています。
そのことに優しく気づきましょう。

BGM あり：10-1
BGM なし：10-1

この章のテーマ

どんなに孤独を感じても、私たちは決してひとりではありません。そばに人がいてもいなくても、太陽や星空、花々や木々、愛らしいペットなどが私たちを見守り、力を与えてくれています。そして何よりも、自分には自分がいます。自分で自分をあきらめず、自分自身としっかりとつながり、才能を信じ、愛情を注いであげましょう。そして正直になりましょう。あなたはかけがえのない存在です。

自分の輝きと可能性

BGM なし：10-2

Smile at yourself.
Smile at the view outside your window.
Smile at the people around you.
Your smile will ripple out.

自分に微笑みかけましょう。
窓の外の景色に微笑みかけましょう。
周囲の人たちに微笑みかけましょう。
あなたの笑顔が波紋のように広がっていきます。

Use the sunshine within you to generate your own power.
You could shine wherever you go.

自分の中にある太陽光を使って、
自分でパワーを起こしましょう。
どこに行っても輝けます。

You are in charge of your life.
Don't leave yourself behind.
Be your own cheerleader.

自分の人生の手綱を握っているのは自分です。
自分自身を置き去りにしないであげましょう。
自分が自分のチアリーダーになりましょう。

When we feel down, we try to recover.
When we are hurt, we try to overcome.
When we are in despair,
we try to find hope.
We have invincible souls.

落ち込んでも立ち直ろうとする
傷ついても乗り越えようとする
絶望しても希望を見出そうとする
不屈の魂を私達は持っています。

The future holds infinite possibilities.
Imagine your future happy self
smiling at you.
Walk towards your smile.

未来は無限の可能性を秘めています。
未来の幸せな自分が
自分に微笑みかけている姿を想像しましょう。
自分の笑顔に向かって歩きましょう。

Be available for your happiness.
Don’t turn your back on your happiness.
Wave at your happiness so it can see you.

自分の幸せに応じられるようにしましょう。
自分の幸せに背を向けずにいましょう。
幸せに向かって手を振り、
あなたの姿が見えるようにしましょう。

Envy signifies that you also have the traits that you desire.
Those are the seeds of your possibilities.
Delve into them and nurture them with your light.

羨ましい気持ちは求める特性が
自分にもあることを示しています。
それらは可能性の種です。
掘り下げ、自分の光で育みましょう。

If you are tense, you won’t be able to perform well.
Take a deep breath and present yourself with confidence.

緊張で固まっていると、うまくパフォーマンスできません。
深呼吸し、自信をもって自分をプレゼンしましょう。

自分はひとりではない・周囲の愛と支え

BGM なし：10-3

The big blue sky.
Your adorable pets.
The flowers blooming along the street.
They are all on your side.
You are never alone.

大きな青空。
愛らしいペットたち。
通り沿いに咲く花々。
みんなあなたの味方です。
あなたは決して一人ではありません。

Open your arms and look up.
Open your heart and catch the signs.
There are messages for you anytime, anywhere.

両手を広げて見上げましょう。
ハートを開いてサインをキャッチしましょう。
いつでも、どこでも、あなたへのメッセージがあります。

When your mind is in turmoil,
you could feel out of place
in the festive scene.
However, deep in your heart,
there is a special seat just for you.

気持ちがざわついていると
華やいだ風景に一人なじめないと感じてしまいます。
けれど心の奥にはあなただけのための特等席があります。

Life is a journey.
You are not traveling alone.
You are always there for yourself
as the best travel partner.

人生は旅です。
あなたはひとりで旅をしているのではありません。
最高の旅の友としていつでも自分が自分のそばにいます。

The little increments of time are daily gifts
given to you.
Accept them with a smile and use them
effectively for yourself.

すきま時間は自分に与えられる日々のギフトです。
笑顔で受け取って、自分のために有効活用しましょう。

In and around you,
there is love,
there is support,
there is the answer.
All you have to do is to receive them
with gratitude and a beautiful smile.

自分の中に、周りに
愛があります。
支えがあります。
答えがあります。
あとは感謝の気持ちと美しい笑顔で
受け取るだけでいいのです。

We are capable of loving and being loved.
There are many ways to feel support and
give support.
We don't have to procrastinate happiness.

私達は愛し、愛されることができます。
さまざまな方法で支えを感じ、支えを与えることができます。
幸せを先送りする必要はないのです。

Promise yourself never to let go of
your hand,
never to abandon yourself.
Promise yourself to always be
by your side.

自分に約束しましょう。
決して手を離しはしないと。
決して自分を見捨てないと。
自分に約束しましょう。
いつでも自分のそばにいると。

自分に正直になる・自分に愛情を注ぐ

BGM なし：10-4

You don’t have to force yourself
to be cheerful
when you are feeling down.
Honor and embrace your true feelings.
Give yourself a hug.

落ち込んでいるとき、
無理に明るくなろうとする必要はありません。
自分の本当の気持ちを尊重し、包み込んであげましょう。
自分自身にハグを。

Living your life with a heart
more vulnerable than anyone else,
with more devotion than anyone else.
Praise your bravery.

自分の人生を誰よりも傷つきやすいハートで
誰よりもひたむきに生きている
自分の勇気をたたえましょう。

There is no end to counting
shortcomings, worries, and troubles.
Instead, hold dear the simple fact that
you are alive, here and now.

欠点、心配事、悩み事を
数えていたらきりがありません。
その代わりに今ここで生きているという
シンプルな事実を愛おしみましょう。

Sometimes you mentally understand,
but feelings can't catch up.
You don't have to sigh,
thinking you still have a long way to go.
Your soul already knows.

頭でわかっていても
気持ちが追いつかない時があります。
まだまだだとため息をつく必要はありません。
魂はもう知っています。

Even when something nice happens, you withhold from expressing delight fearing that it might go away.
Be honest with your feelings and create a circle of joy.

いい事があっても逃げていきそうで
嬉しさを表すことを抑えてしまいます。
自分の感情に正直になり喜びの輪を作りましょう。

自分とつながる

BGM なし：10-5

Frolic like a child.
Ask for attention like a child.
Sleep soundly like a child.
Like a child. Like a child.

子供のようにはしゃぎましょう。
子供のようにかまってもらいましょう。
子供のようにぐっすり眠りましょう。
子供のように。子供のように。

You can feel lonely even when you are with people.
You can feel love and support and be fulfilled even when you are alone.

人といても孤独を感じることがあります。
一人でいても愛と支えを感じ満ち足りることができます。

When you're aligned with yourself, your heart will sing naturally and you'll have an uplifting sense of feeling alive.

自分自身とぴったり同調しているとき、
自然とハートは歌い出し、
生きているという高揚感が湧いてきます。

Books. Music. Photographs. Exercise.
Saturate yourself with the things that empower you and energize yourself.

本。音楽。写真。運動。
自分を元気にしてくれるものに浸り、
エネルギーを高めましょう。

If you think you're strong,
shine a light on your weaknesses.
If you think you're weak,
shine a light on your strengths.
Play your own duet.

自分を強いと思っている人は自分の弱さに、
自分を弱いと思っている人は自分の強さに、
光りを当てしょう。
自分の二重奏を奏でましょう。

お気に入りの ポジティブメッセージ

お気に入りの ポジティブメッセージ

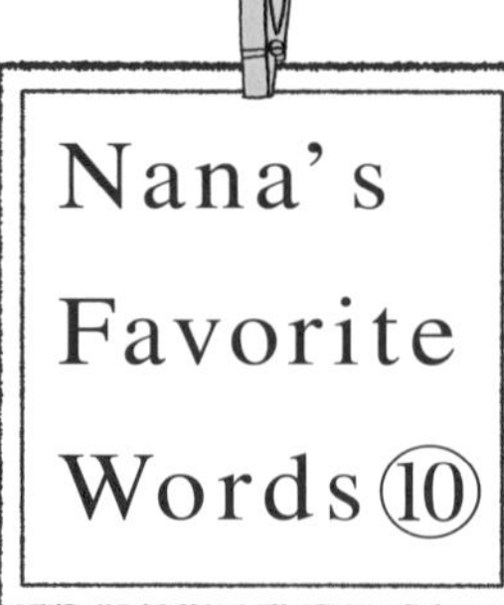

BGM あり：10-2
BGM なし：10-6

Love（愛）

「愛」という言葉はあまりにも大きすぎて、簡単に使うことをためらってしまいます。日本では西欧に比べて日常的に "I love you." という場面も少ないですし、口にするのは面はゆいと思う側面もあります。
けれども照れるからと表現しないでいると、どんどん愛情の輪郭がぼやけていってしまいます。Love は人だけでなく、仕事や物にも使えます。家族、友人、ペット、仕事、趣味、自然など、自分の周囲には「大好き！」と言えるものがたくさんあるはずです。そこにはもちろん自分自身も含まれます。生きる源である「愛」を味わい、豊かに伝えていきましょう。

基本の意味

love（名詞：愛・愛情）
love（動詞：愛する・恋する）

1. love は「人や物に対する愛情」を表します。

Studying English is the **love** of my life.
英語を勉強することは私の生きがいです。

Michael was my first **love**.
マイケルは私の初恋の人でした。

Love of music runs in the family.
家族みんな音楽好きです。

Love heals everything.
愛はすべてを癒します。

I like all sports, but soccer was my first **love.**
私はスポーツ全般が好きですが、最初に夢中になったスポーツはサッカーです。

She did well in English at school reflecting her **love** of language.
語学好きの彼女の気持ちを反映して、彼女は学校で英語が得意でした。

Her **love** for her children was overflowing from her smile.
彼女の笑顔から子供たちへの愛情があふれ出ていました。

2. love は「大好きである」「愛している」ことを表します。

I **love** my pet dog / cat.
私は飼っている犬 / 猫が大好きです。

I **love** him and I want to marry him.
彼を愛しているので、私は彼と結婚したいです。

I **love** my job.
私は自分の仕事が大好きです。

He **loves** his son dearly.
彼は息子を心から愛しています。

My daughter **loves** anime.
私の娘はアニメが大好きです。

My husband **loves** outdoor activities; he often takes us camping.
私の夫はアウトドア派で、私たちをよくキャンプに連れていきます。

I just sent you a link to a funny YouTube video. I think you**'ll love** it!
おもしろい YouTube 動画のリンクを送りました。きっと気に入ってくれると思う！

3. 「～をすることが大好き」と言いたいときは《love to + 動詞の原形》《love + 動詞 ing》を使います。

She **loves to watch** American TV dramas on Netflix.
彼女はネットフリックスでアメリカのテレビドラマを見ることが大好きです。

I **love listening** to Radio Eikaiwa.
私はラジオ英会話を聞くことが大好きです。

My son **loves playing** baseball and devotes his time after school to baseball club practice.
私の息子は野球が大好きで、放課後の時間を野球部の練習に費やしています。

4. 《be in love with...》は「～に愛情がある・～が大好きである」、《fall in love with...》は「～と恋に落ちる」を表します。

They **are** deeply **in love with** each other.
彼らは深く愛し合っています。

He told Anne that he **was** madly **in love with** her.
彼はアン本人に夢中だと告げました。

She **is in love with** fashion.
彼女はファッションに夢中です。

I **fell in love with** wine and started my own company to import wine from France.
私はワインに恋し、フランスからワインを輸入するため、自分の会社を立ち上げました。

When I traveled to Europe, I **fell in love with** Italy and decided to enroll in a language school in Florence.
ヨーロッパに旅行したとき、私はイタリアと恋に落ち、フィレンツェの語学学校に通うことを決めました。

5. love を使った結びの表現

Send / Give her my **love**.
彼女によろしくお伝えください。

All my **love**.
愛を込めて。

ポジティブ英作文コーナー

自分が大好きなことについて考えてみましょう。例文を参考に、自分の中の愛とつながりながら、自分が愛する人、物、アクションについて書いてみてください。

CHAPTER 11

人とのつながりとコミュニケーションを豊かにするポジティブ英語

Relationships and communication

You don't have to strain.
Do what you can.
Share what you know.
There are many things you can offer
because it's you.

無理はしなくてもいいのです。
自分ができることをやりましょう。
自分が知っていることを共有しましょう。
あなただからこそ
差し出せるものがたくさんあります。

BGMあり：11-1
BGMなし：11-1

この章のテーマ

出会いは大切です。私たちは互いに助け合い、支え合いながら生きています。けれども特定の役割を強いられ、本来の自分でいられないと感じることもあるでしょう。自分が自分であるように、相手に自由と空間を与えることも、良好な関係を維持するためには必要だと言えるでしょう。また、私たちは人との交流を通して人生の学びを得ていきます。苦手と感じる人からも教えられることが多くあります。ご縁があって出会った人たち。信頼と尊敬を忘れずに、人生最高の財産である調和的な人間関係を築いていきましょう。

人との交流・会話を楽しむ

BGM なし：11-2

Nourish yourself with good food and good people.

いい食事といい人たちとの交流で自分に栄養を与えましょう。

Unlock your heart and enjoy the emotional exchange with the people around you.

ハートの鍵を開いて、
周りの人たちとの心のやりとりを楽しみましょう。

It's okay even if you can't come up with clever words or tell funny jokes.
If you speak with honesty from your heart, you can be a charming speaker.

気の利いた言葉が出なくても
おもしろい冗談を言えなくてもいいのです。
正直に心を込めて話せば、魅力的な話し手になれます。

Conversation is a 2-way give and take.
It's not only words.
The sparkle in your eyes, posture, and gestures.
Create a conversation with your whole self.

会話は双方向のギブ・アンド・テイクです。
言葉だけではありません。
瞳の輝き、姿勢、ジェスチャー。
全身で会話を創造しましょう。

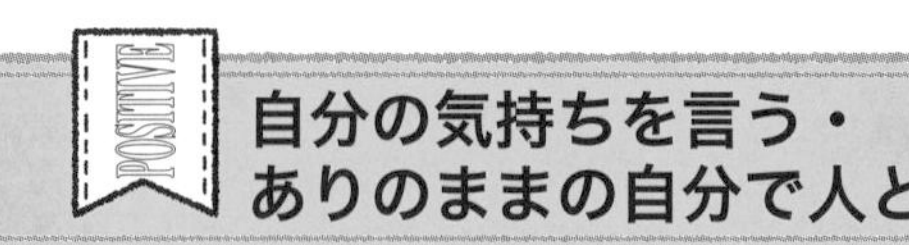

自分の気持ちを言う・ありのままの自分で人と接する

BGM なし：11-3

**Say what you feel.
Verbalize your thoughts.
Speak your truth.**

思ったことを言いましょう。
自分の考えを言葉にしましょう。
自分の真実を語りましょう。

**You don't have to bend over backwards in order to fit in.
Just be yourself,
and you'll find your own tribe.**

溶け込むために無理をして
自分を曲げる必要はありません。
自分自身でありさえすれば、
自分に合った仲間と出会えます。

助け合うこと・支え合うこと

BGM なし：11-4

Joy of learning.
Joy of teaching.
Joy of sharing.
Joy returns to you multiplied.

学ぶ喜び。
教える喜び。
共有する喜び。
喜びが何倍にもなって戻ってきます。

An exchange of kind words
can unexpectedly move you to tears.
We can save people's feelings and lives
by casual conversations with a smile.

優しい言葉のかけ合いに
思わずほろっとくる事があります。
私達は微笑みとさりげないやりとりの中で
人の気持ちと人生を救うことができるのです。

Reaching out for help is a gift you can give to yourself. Offering a helping hand is hope you can give to others.

助けを求めて手を伸ばすことは
自分に贈れるギフトです。
助けの手を差し伸べることは
人に贈れる希望です。

We can learn from one another. We can help one another. We can be kind to one another. We are all in this together.

私たちはお互いから学べます。
私たちはお互いを助け合うことができます。
私たちはお互いを思いやることができます。
私たちは共にここで生きています。

Watching over your children grow,
your students grow,
and yourself grow.
Patiently watching over those
you care about
is a deep expression of love.

子供の成長を、
生徒の成長を、
そして自分自身の成長を見守ること。
大切な人を根気よく見守ることは深い愛情表現です。

Entrusting is proof of trust.
You don’t have to shoulder everything.
Let us leave it up to
someone who offers to help,
your intuition, the flow of life.

任せるということは信頼の証です。
一人で全部背負う必要はありません。
助けを申し出てくれる人に、
直感に、生命の流れに任せましょう。

Even though they are far away,
they are not in their physical form,
we can talk to them through our hearts.
We are watched over by the love of those we love.

たとえ遠く離れていても
肉体という姿はなくても
心を通して会話ができます。
私達は愛する者たちの愛に見守られています。

尊敬と信頼の気持ち

BGMなし：11-5

Let others be who they are
and let yourself be who you are.
By having the freedom of being
who we are,
relationships become dearer to us.

みんなはみんなのままで
自分は自分のままでいましょう。
ありのままの自分達でいられる自由があることで
人間関係がより愛おしいものになります。

No connection is by chance.
Even those you find difficult to be with
can teach you many things.
Give thanks to all the people
you're interacting with.

偶然の繋がりはありません。
苦手な人も多くの事を教えてくれます。
交流している全ての人達にありがとうを贈りましょう。

Self-respect and respecting others go
hand in hand.
Respect yourself,
and you'll have a deeper sense of respect
and appreciation towards others.

自尊心と人を尊敬することは密接につながっています。
自分を尊重することで、
他者へのより深い尊敬と感謝の念が生まれます。

Treat yourself and others
with a trusting mind instead of
a judgmental mind.
We will be able to fully exhibit our ability
without being intimidated.

自分にも人にも
批判精神ではなく信頼する心を寄せてみましょう。
私たちは萎縮せずに存分にちからを
発揮することができます。

適切な距離感を保つ

BGMなし：11-6

Reduce your stress level by setting
healthy boundaries.
Say “Yes” to things you can do,
and say “No” gently to things you can’t do.

健全な境界線を引くことでストレスレベルを下げましょう。
できることには「はい」と言い、
できないことにはやんわり「いいえ」と言いましょう。

Constantly trying to meet other people's expectations is a heavy task.
Set down those expectations for a while and reflect on what you truly desire.

絶えず人の期待に応えようとすることは重い仕事です。
少しの間その期待をおろし、
自分が真に望むことについて考えてみましょう。

Being sensitive,
you sense and unknowingly absorb other people's stress.
That'll drain you.
Shake it off and let it out of your body.

繊細ゆえに、他の人のストレスを感知し
知らないうちに吸収してしまう事があります。
それは自分の元気を失わせます。
振り払い身体の外に放ちましょう。

Give yourself and others time and space.
By having room in between,
we can respect each other's world.

自分にも人にも時間と空間を与えましょう。
間にゆとりがあることで、
お互いの世界を尊重できます。

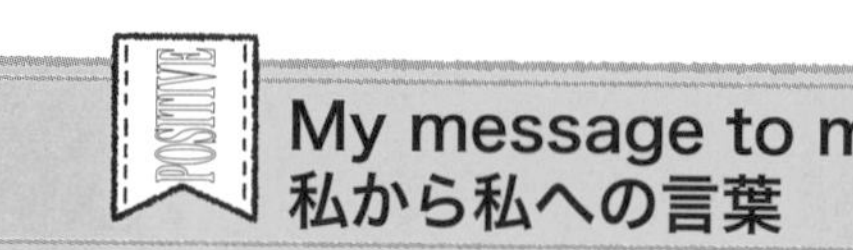

My message to myself：私から私への言葉

BGM なし：11-7

**I feel that we all have a soul family.
Our paths will cross at the right time
and we will co-create our lives.
Encounters are important.**

私達みんなに魂の家族がいるような気がします。
しかるべき時に縁が生まれ、人生を共同で創造します。
出会いは大切です。

お気に入りの ポジティブメッセージ

お気に入りの ポジティブメッセージ

BGM あり：11-2
BGM なし：11-8

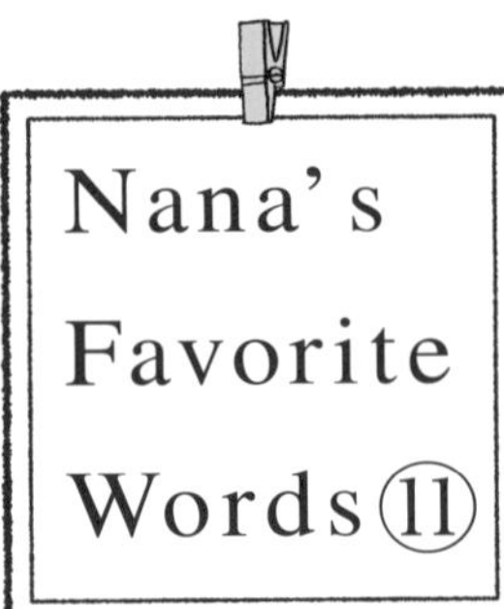

Kindness（優しさ）

「あの人は優しい」「優しい人が好き」など、「優しい」という言葉はとてもポピュラーです。Kindness は「あの店員は親切だった」というような日常的な親切心から、「環境に優しい」など地球規模の配慮までを表せる幅と深みを持った言葉です。優しさは人を感動させ、浄化し、人生を変えるちからがあります。人々がお互いに思いやりをもって接すれば、この世界はもっと穏やかで平和になる気がします。自分に優しく、人に優しく、命に優しくありましょう。

基本の意味

kindness（名詞：親切・優しさ・思いやり）
kind（形容詞：親切な・優しい・思いやりのある）

1. kind は「親切な・優しい」を意味し、《be kind to...》で「～に対して優しい」を表します。

My mother is **kind** and caring.
私の母は優しく、面倒見がいいです。

He**'s kind to** everybody.
彼はみんなに優しいです。

Let's **be kind to** each other.
お互いに優しくしましょう。

The salesclerk was very **kind** and explained to me about the new functions of the smartphone.
店員はとても親切でスマホの新しい機能を私に説明してくれました。

I want to **be kinder to** my wife.
私は妻にもっと優しくありたいです。

2. kindness は「優しさ・思いやり」を表します。

Kindness is priceless.
優しさに価格はつけられません。

I appreciate your **kindness** and support.
あなたの優しさと支えに感謝します。

How can I repay you for your **kindness** during my stay?
滞在中、与えてくださったご親切にどのようにお返しできるのでしょう？

It's important to treat people with **kindness** and respect.
人に優しさと敬意をもって接することは大切です。

There was an underlying **kindness** in the coach's strict instruction.
厳しい指導の根底にはコーチの優しさがありました。

This organization is sustained by the **kindness** of the donors.
この組織は寄贈者のご厚意によって支えられています。

3. 《kind + 名詞》のかたちを使って「優しい・思いやりのある行為」を表現できます。

Her **kind words of trust** changed my life.
彼女の優しい信頼の言葉は私の人生を変えてくれました。

His **kind message** encouraged me to move forward.
彼の優しいメッセージは前進する励みとなりました。

Thank you for the information on the online lessons. I appreciate your **kind gesture**.
オンラインレッスンの情報をありがとうございます。ご親切に感謝します。

4. 《It was kind of A to + 動詞の原形》は「A は親切にも〜してくれた」を表します。

It was **kind of you to say** so.
ご親切にそうおっしゃっていただけてありがたいです。

It was **kind of him to help me set up** the computer.
彼は親切にもパソコンをセットアップしてくれました。

It was **kind of them to invite** us to the barbecue party.
彼らは親切にも私たちをバーベキューパーティーに招待してくれました。

5. 「危害を加えない・いたわる」という意味で kind が使われます。

Let's be **kind** to the environment by not using plastic bags.
ビニール袋を使わないことで環境に優しくありましょう。

Organic foods are **kind** to our bodies.
オーガニックの食材は体に優しいです。

ポジティブ英作文コーナー

優しいと思う人、自分が優しくありたい人、親切にしてもらった行為を思い出し、例文を参考に思いやりにまつわるエピソードを書いてみましょう。

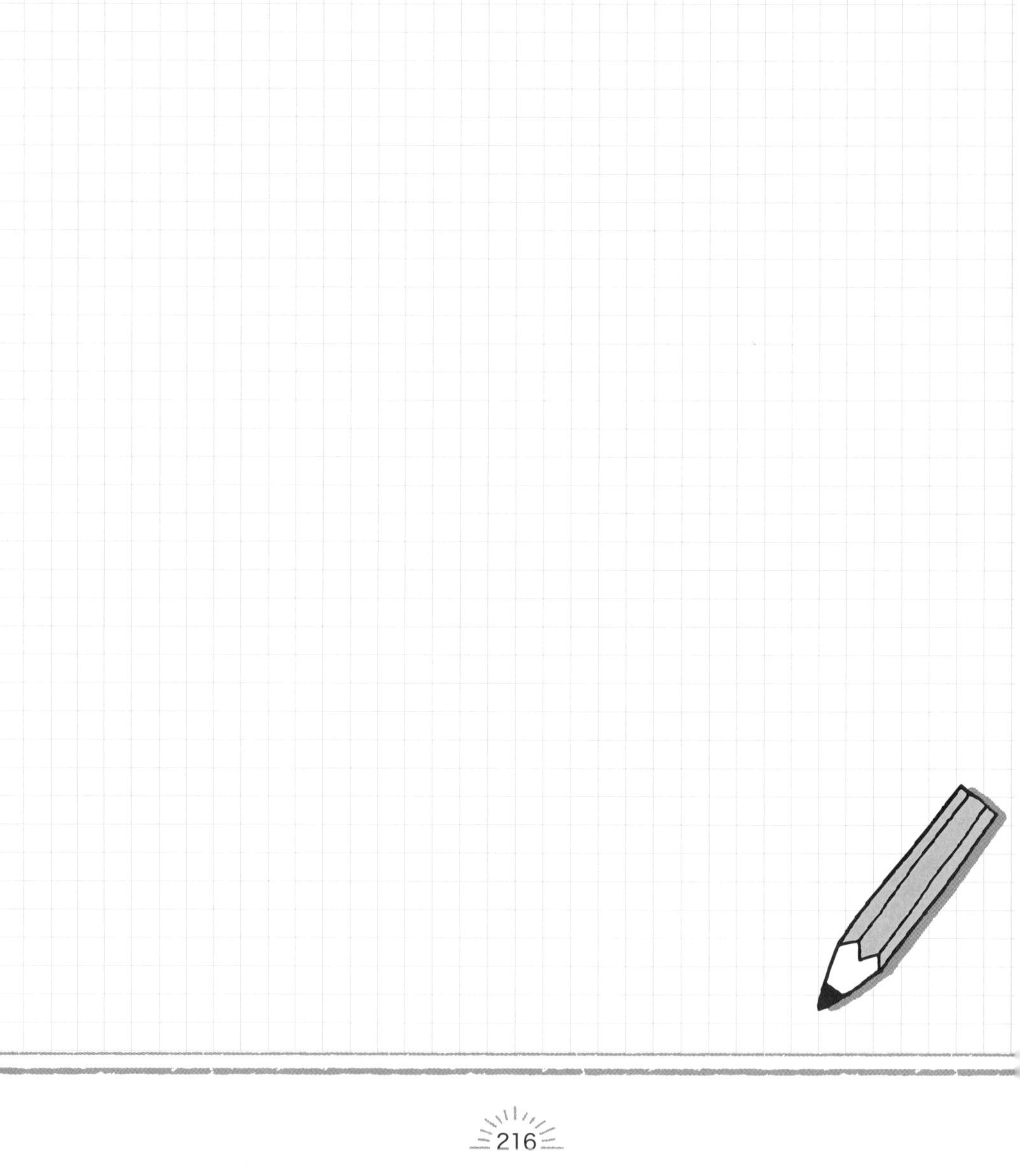

CHAPTER

12

信じること・幸せになることを可能にする ポジティブ英語

Having faith and being happy

Many things happen in life.
There is joy and there is sorrow.
There is pain and there is healing.
With every experience,
you are refined.

人生いろいろなことが起こります。
喜びがあり、悲しみがあります。
痛みがあり、癒しがあります。
経験ごとに自分が磨かれます。

BGMあり：12-1
BGMなし：12-1

この章のテーマ

人生ではいろいろなことが起こります。うれしいことばかりではありません。悲しいこともつらいことも起こります。逆境と絶望の中にいるときは、幸せが遠く感じられます。けれども試練だと思える経験の中にこそ、学びと成長があります。渦中にいるときはくじけそうになりますが、壁を乗り越えたとき、私たちは一回りも二回りもたくましくなっています。そして人間的な深みが生まれ、生きている喜びを味わえるはずです。すべてはピュアな自分自身に戻るための旅。信じて自分の人生を大切に生きましょう。

自分を信じる・人生を信じる

BGMなし：12-2

Believe in yourself.
Trust yourself.
Have faith in life.

自分を信じましょう。
自分を信頼しましょう。
人生を信用しましょう。

Never lose sight of yourself and what's important to you.
Never lose hope.

自分自身と、自分にとって何が大切なのかを見失わないように。
希望を失わないように。

No matter what happens,
trust that you are guided,
you are protected,
you are loved.
No matter what.

たとえ何が起こっても
自分は導かれていると
守られていると
愛されていると信じましょう。
何があっても。

Quiet and soothe your agitated mind.
There is no need to rush yourself.
Your heart and soul are already there.

ピリピリしている思考を静めてなだめましょう。
自分を急かす必要はありません。
心と魂はもうたどり着いています。

Being optimistic about your future is important.
Trust from the bottom of your heart that everything will fall into place.

将来に対して楽観的でいることは大切です。
全てしかるべきところに落ち着くと
心の底から信じきりましょう。

The things that you long for.
If it's meant to be, they'll be provided.
If not, something better will be provided.
It's worth the wait.

求めてやまないもの。
ご縁があれば、もたらされます。
そうでなければ、もっと良いものがもたらされます。
待つ価値があります。

The answer from the heart may be different from the answer from the head.
Trust what feels right in your heart.
Support will come to back you up.

心からの答えは頭からの答えと違うかもしれません。
ハートが納得する答えを信じましょう。
あなたを応援するサポートがやってきます。

POSITIVE

喜びと丁寧さ

BGM なし：12-3

Do what gives you joy.
Do what makes you happy.
Do what makes sense to you.

自分が喜ぶことをしましょう。
自分が幸せに感じることをしましょう。
自分が納得できることをしましょう。

Work with care.
Speak with care.
Express yourself with care.
Doing things with care enables you
to appreciate the essence of each activity.

丁寧に仕事をしましょう。
丁寧に話しましょう。
丁寧に自分を表現しましょう。
物事を丁寧に行うことで
それぞれの行動の本質がわかります。

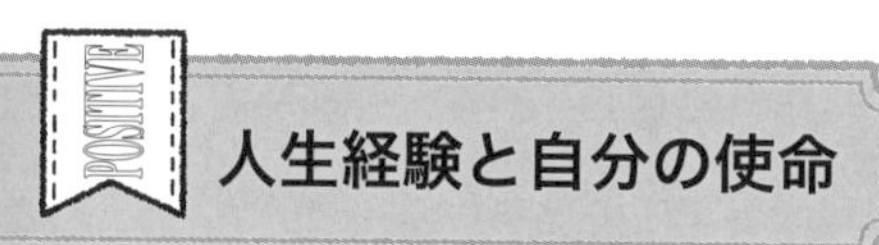

BGMなし：12-4

Sweet, spicy, sour, salty.
Variation of taste makes food exquisite.
Your life can be enriched by feeling happiness, anger, sadness and joy.

甘い、辛い、酸っぱい、塩っぱい。
味のバリエーションが料理を美味しくします。
人生は喜怒哀楽を味わって豊かになります。

The experience you wish you hadn't had, you don't know why you had to go through.
Courageously facing the experience is a noble thing to do.

できればしたくなかった経験、
なぜ自分がこんな目にという経験。
勇気を持って経験と向き合うことは気高い行為です。

Life isn't always smooth sailing,
but that's when we learn how to
navigate our lives.
The storm will make you come out as
a stronger person.

人生は常に順風満帆とはいきませんが
その時こそ生きるかじ取りを学べます。
嵐をくぐり抜けた後、あなたはより逞しくなっています。

As you go through life lessons,
you'll peel back the many layers in you
one by one.
The deeper you go,
the closer you get to your core.

人生のレッスンを積むごとに
幾重にも重なる自分の層を
一枚ずつめくっていきます。
深く進むほど自分の核に近づいていきます。

After countless sleepless nights,
we're here now.
Now is the most fulfilling time of life.
Let's continue to live our best lives.

無数の眠れぬ夜を経て、私たちは今ここにいます。
今が人生の最も充実している時です。
今が一番の人生を歩み続けましょう。

To end is to shift.
To change is to grow.
There is a blessing in every stage.
Let's give a bouquet of gratitude
to all the lessons we've gained.

終わりは移行することです。
変化は成長することです。
どの段階にも恵みがあります。
もたらされた全ての学びに感謝の花束を贈りましょう。

You may be tired,
you may have doubts,
you may want to quit,
but there's a place you naturally
go back to.
That's where your calling is.

疲れていても、
迷いがあっても、
やめようかと思っても、
自然と戻っていく場所があります。
そこに自分の使命があります。

At times, you feel like giving up everything and starting all over again.
However, you know there are things you can and must do where you stand.

全てを投げ出し最初から
やり直したくなる時があります。
けれども立っているその場所で
自分ができ、すべき事があるとあなたは知っています。

心の家・日常への感謝

BGMなし：12-5

When the pace of life is disrupted,
we realize how blessed we are every day.
Work, chores, connections.
Let us offer thanks to our daily lives.

生活のペースが乱されると
日々いかに恵まれているか実感します。
仕事、家事、繋がり。
自分たちの日常生活に感謝の気持ちを捧げましょう。

There is a warm home in your heart.
With a smile, you see yourself off
in the morning,
and welcome yourself back in the evening.
It's a peaceful place for yourself.

心に温かい家があります。
笑顔で朝、自分を送り出し
夜、自分を迎え入れます。
そこは自分のための安らぎの場所です。

My message to myself：私から私への言葉

BGMなし：12-6

We have a choice.
I choose happiness.

私たちには選択肢があります。
私は幸せを選びます。

Let life be simple.
I'll do my best.
I'll take good care of myself.
I'll humbly pray.
I'll have faith and no longer worry.

人生をシンプルに。
私はベストを尽くします。
私は身体を大切にします。
私は謙虚な気持ちで祈ります。
私は信じ、もう心配するのをやめにします。

The thing I couldn't understand then,
I think I can understand it now.
The thing I couldn't do then,
I think I can do it now.
I think the time is ripe.

あの時理解できなかったこと
今ならわかる気がします。
あの時できなかったこと
今ならできる気がします。
機は熟した気がします。

Memories that warmed my heart
lead me to love.
Memories that stabbed my soul,
over time, lead me to forgiveness.
Forgiveness lead me to love.

心を温めてくれた記憶は
愛へと導いてくれました。
魂を突き刺した記憶は
時間と共に許しへと導いてくれました。
許しは愛に導いてくれました。

They tell me it'll be okay,
but I get anxious.
They tell me to trust,
but sometimes I can't.
In darkness, positive words illuminate
my path.

大丈夫だと言われても
不安になるのです。
信じろと言われても
信じられない時があるのです。
闇の中、前向きな言葉は私の道を照らしてくれます。

Being out of my daily life allows me
to view my daily life.
Not bad.
Working pretty hard.
I'll have faith and continue on my path.

非日常にいることで自分の日常が見えてきます。
悪くない。
よく頑張っている。
信じてこれからも自分の道を歩みます。

Sometimes I wonder
what my life would have been like
if I hadn't walked this path.
I believe, even with a detour,
I would've been called to this life.

この道を歩まなかったら
どんな人生になっていただろうと考える時があります。
回り道をしても今の人生に呼ばれていたと思います。

お気に入りの ポジティブメッセージ

BGM あり：12-2
BGM なし：12-7

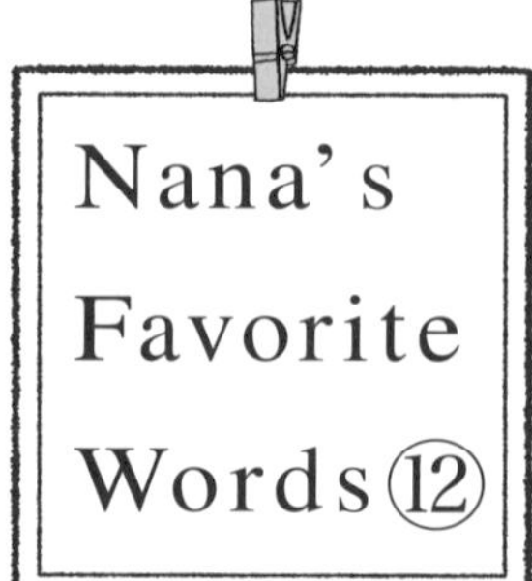

Happiness（幸福）

「ハッピー」という言葉ほどポジティブなエネルギーに満ちた言葉はないのではないでしょうか。Happy は明るく陽気な気分を表すと同時に、人生の「幸福」をも表します。Happy という言葉を用いて「おいしいものを食べて嬉しい」「あなたに会えて嬉しい」「テストに合格して嬉しい」という喜びから「人間関係に恵まれて幸せ」「自分にとっての幸せは家族の笑顔」のように、あらゆる幸福感を伝えられます。

Are you happy? と聞かれると、ふと「自分は幸福だろうか」「自分にとっての幸福とは？」と考えてしまいます。私たちは様々な経験をしながら人生を歩んでいきますが、それは幸せであるための旅路だと言えます。自分に喜びをもたらしてくれる人や物は宝です。日々の嬉しい気持ちを糧とし、大声で「幸せです！」と言える人生を生きましょう。

基本の意味

happiness（名詞：幸福・幸せ・喜び）
happy（形容詞：嬉しい・幸福な・喜んで）

1. happy は「嬉しい・喜び・満足している気持ち」を表します。

I feel **happy** when I'm with my friends.
私は友達と一緒にいるときハッピーな気持ちになります。

Seeing you makes me **happy**.
あなたと会うと私は幸せな気持ちになります。

I'm **happy** that things are going well for you.
あなたにとって物事が順調にいっているようで嬉しいです。

I'm so **happy** to hear from you after all these years.
数年ぶりにあなたからご連絡をいただけてとても嬉しいです。

She seems **happy** in her new job.
彼女は新しい仕事に満足しているようです。

He is **happy** to see his health improving.
彼は健康状態が良くなっていることを喜んでいます。

It was a **happy** coincidence that we both like mountain-climbing.
私たち二人とも登山が好きだということは嬉しい偶然でした。

Give me a call, and I'll be **happy** to explain about our new product line.
ご連絡をいただければ喜んで新しい製品ラインについてご説明いたします。

I was **happy** to return home after being out of town for months on business.
数か月間、出張で街を離れていたので私は家に戻れて嬉しかったです。

Getting a new game software kept me **happy** for the entire month.
新しいゲームソフトを入手したおかげで、私はまる一か月嬉しい気持ちで過ごせました。

What a **happy** surprise to see you here!
ここであなたに会えるなんで嬉しいサプライズです！

I was so **happy** when I passed the Eiken Grade 1 Test.
私は英検１級に合格したときとても嬉しかったです。

I felt **happy** when my boss praised me yesterday at work.
私は昨日上司に褒められて嬉しい気持ちになりました。

2. happy は「幸福・幸せな状態」を表します。

I want you to be **happy**.
私はあなたに幸せになってほしいです。

He had a **happy** childhood.
彼は幸福な子供時代を送りました。

Our purpose in life is to be **happy**.
私たちの人生の目的は幸福になることです。

3. happiness は「幸福・幸せ」を表します。

My source of **happiness** is my family.
私の幸せの源は家族です。

My cat brought so much **happiness** into my life.
私の猫は私の人生に大きな幸福をもたらしてくれました。

Money dosen't necessarily bring **happiness**.
お金が幸福をもたらすとは限りません。

I wish you all the **happiness** in the world.
世界中の全ての幸福があなたに訪れますよう願っています。

At New Year's, we go to a temple or a shrine to pray for **happiness** and good health.
お正月に私たちはお寺や神社に行き、幸福と健康を祈ります。

4. 「幸せとは～」を伝える «Happiness is...» を使った表現

Happiness is being healthy.
幸せとは健康であることです。

Happiness is being with my family.
幸せとは家族と一緒にいることです。

Happiness is having a fulfilling job.
幸せとはやりがいのある仕事を持つことです。

Happiness is being your authentic self.
幸せとは本来の自分でいることです。

Happiness is loving and being loved.
幸せとは愛し愛されることです。

ポジティブ英作文コーナー

何をしているときハッピー気持ちになりますか？自分にとっての幸福とは何でしょうか。《I feel happy when...》や《Happiness is...》を使って、自分の幸福感について書いてみましょう。

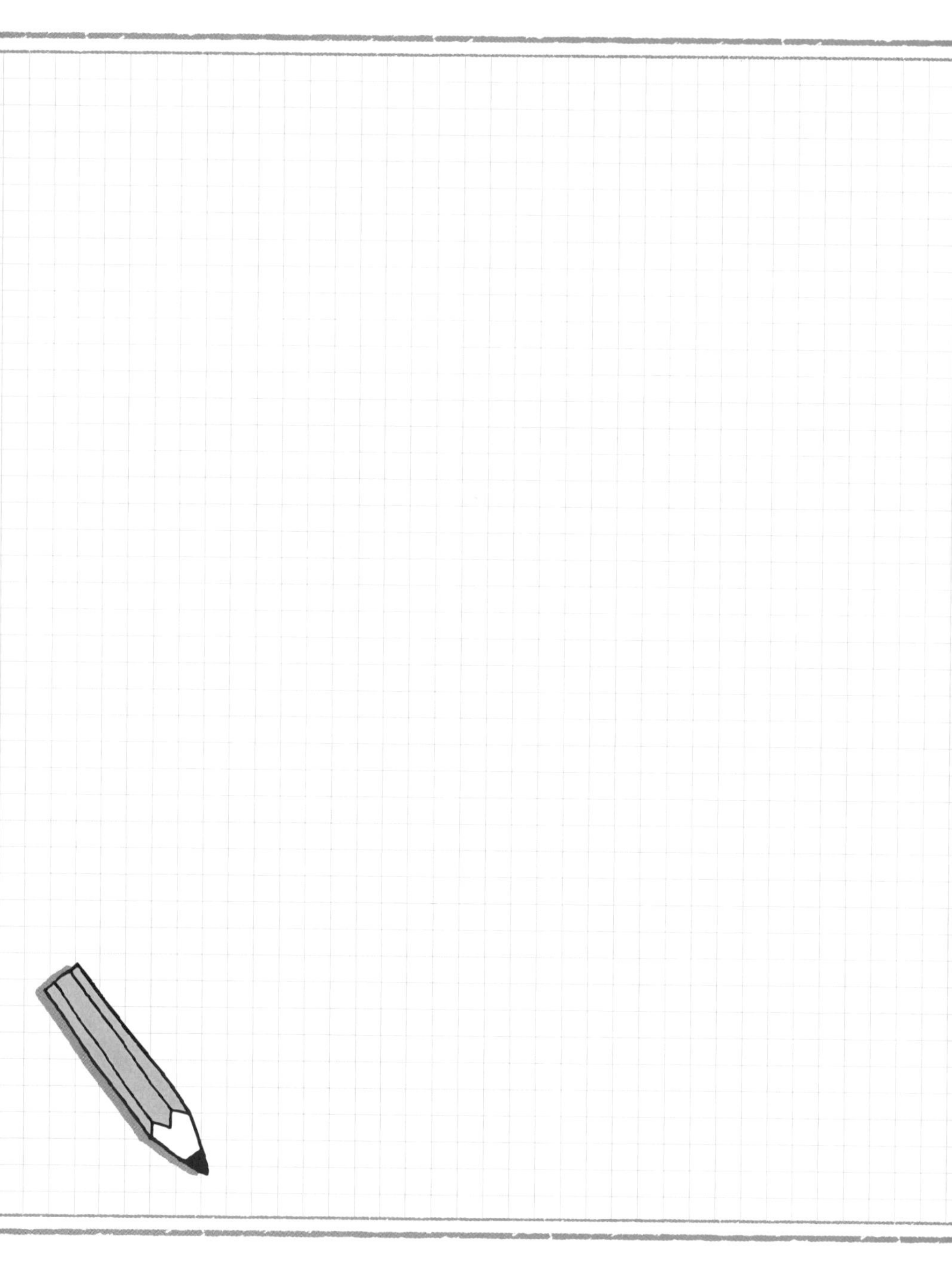

《参考文献》

オックスフォード現代英英辞典第 8 版
小学館プログレッシブ英和中辞典第 3 版
Merriam-Webster Dictionary
Cambridge Dictionary
Weblio 和英辞典
英辞郎 on the WEB

著者紹介

石津 奈々（いしず・なな）

鎌倉市生まれ。高校 3 年間ハワイに留学。
上智大学比較文化学部日本語・日本文化学科卒業。
鎌倉で 50 年の歴史を持つ石津イングリッシュスクール主宰。
外国語学習・指導法に興味を持ち、語学書を執筆。
主な著書に、ベレ出版『CD BOOK 日常英会話パーフェクトブック』『CD BOOK 海外からのゲストを日本に迎える英語表現集』『CD BOOK 自分のことを英語で話すパーソナルワークブック』『CD BOOK 60 日完成 入門英会話＆英文法まるごとドリル』がある。
趣味はヨガ・瞑想・オペラ鑑賞。
ホームページアドレス：https://ishizuenglish.com/
Twitter アカウント：https://twitter.com/IshizuEnglish

◉── 収録音声　BGM あり 93 分 38 秒
BGM なし 88 分 35 秒
ナレーション 吉田 繭子
石津 奈々（「著者からのメッセージ」）
◉── カバーデザイン　石黒 潤
◉── 本文デザイン　いげた めぐみ
◉── DTP　三松堂株式会社

［音声 DL 付］毎日輝くポジティブ英語

2020 年 7月 25 日　初版発行

著者	石津 奈々
発行者	内田 真介
発行・発売	ベレ出版 〒162-0832　東京都新宿区岩戸町12 レベッカビル TEL.03-5225-4790 FAX.03-5225-4795 ホームページ　http://www.beret.co.jp/
印刷	株式会社 三松堂株式会社
製本	株式会社 根本製本株式会社

ISBN 978-4-86064-624-0 C2082　編集担当　大石裕子